D1937161

Christian Bischoff

WILLENSKRAFT

Christian Bischoff

WILLENSKRAFT

Warum Talent gnadenlos überschätzt wird

Econ

8. Auflage 2014

Econ ist ein Verlag der Ullstein Buchverlage GmbH

ISBN 978-3-430-20102-5

© Ullstein Buchverlage GmbH, Berlin 2010
Alle Rechte vorbehalten
Gesetzt aus der Optima und Frutiger
bei LVD GmbH, Berlin
Druck und Bindearbeiten: Pustet, Regensburg
Printed in Germany

Inhaltsverzeichnis

Prolog

Große Schritte am Pool

Die Sonne kitzelt uns schon um kurz vor acht, keine halbe Stunde später stehen meine Frau und ich in Badesachen auf der Terrasse vor dem Außenbecken des Sporthotels mit Blick auf die französischen Alpen. Trotz der Frühe liegt schon eine wohlige Wärme in der Luft, und ich freue mich auf einen heißen Tag.

Wir sind nicht die Ersten hier am kühlen blauen Rechteck mitten im ausgedorrten Gras. Ein Paar döst bereits auf den Liegen, links Mama, rechts Papa. Davor hockt gelangweilt ihr kleiner Sohn, fünf Jahre alt, schätze ich. Eine zerfledderte *Le Monde* und die Reste eines üppigen französischen Frühstücks liegen um die Familie verstreut – Croissants, Törtchen, Wurst und Käse schwitzen mit ihnen in der Sonne. Allein von den Resten wären Irina und ich satt geworden.

Ich kenne die Familie vom Anreisetag. Sie waren mir schon beim Einchecken aufgefallen. Bleibenden Eindruck haben sie aber erst beim Abendessen hinterlassen. Ich war sprachlos, wie viel Schweinebraten so in zweieinhalb Menschen verschwinden kann.

Unter dem prüfenden Blick des Vaters und den neugierigen Augen des Jungen steigt Irina ins Wasser, und ich beginne am Beckenrand mit meiner Morgengymnastik.

Beine und Arme lockern. Dann Ausfallschritte – eine einfache Kraftübung, die Oberschenkel, Po und den unteren

Rücken stärkt. Dabei mache ich einfach einen großen Schritt nach vorne. Rücken gerade, Hände hinter den Kopf, Ellbogen nach hinten. Dann gehe ich in die Knie, bis das hintere den Boden berührt. Im vorderen Oberschenkel und auf der Rückseite zum Poansatz hoch ist jetzt richtig was los. Unten drücke ich mich dann kräftig aus der Kniebeuge raus und setze gleichzeitig das hintere Bein nach vorne. Klingt schwierig, ist es auch. Alles ist am Anfang schwer, sogar der erste Atemzug. Du brauchst eine gute Balance und nach ein paar dieser großen Schritte auch ordentlich Kraft in den Beinen. Mit ein wenig Übung geht es aber schon bald besser.

So stakse ich um das Becken herum wie der Storch durch den Salat, und ich merke, dass der Junge mich mit großen Augen beobachtet. Auch das Interesse der beiden Alten ist geweckt. Man muss kein Französisch können, um zu verstehen, wie köstlich sie sich amüsieren. Ich freue mich, wenn Menschen den Tag mit einem herzlichen Lachen beginnen. Besonders, wenn ich ihnen dazu Gelegenheit gebe. Nach zwei Runden um den Pool bin ich fertig und springe zu Irina ins Becken.

Doch was dann passiert, überrascht mich. Der Kleine steht auf, schüttelt die Beine aus, rudert mit den Armen, ganz genau so, wie ich das gemacht habe. Und fängt an, Ausfallschritte zu machen!

Natürlich noch recht wackelig, und er wäre um ein Haar in den Pool gefallen. Aber ich bin überrascht, wie flüssig das bei ihm schon geht. Aufgrund seiner Fehlernährung wirkt er nicht gerade wie ein Bewegungskünstler – ich erschrecke, wie schnell ich ihn schon in eine Schublade gesteckt hatte. Er konzentriert sich ... und macht das sehr gut. Begeistert beobachte ich ihn aus dem Pool heraus.

Dann höre ich die Geräusche vom Liegeplatz seiner Eltern. Mama und Papa beobachten ihn ebenfalls. Und platzen fast: Sie brechen in brüllendes Gelächter aus, prusten und schütteln sich. Ihre Wänste beben wie die Wurstmasse in einem

Rührkessel. Papa ruft irgendwas in einem hämischen Tonfall zu ihm herüber.

Der Junge erstarrt sofort. Sein Mut bricht zusammen. Seine Schulterblätter wandern nach vorn, das Kinn zur Brust, Rücken rund, Kopf runter. Restlos verunsichert steht er da – alleine und gedemütigt.

Wütend blicke ich die beiden an. Hier fläzen sie sich also auf ihren Liegen: rosa, ölig und 200 Kilo schwer – die Fortpflanzungsorgane des Gesellschaftsspiels. Es gehört so viel Mut dazu, etwas Neues zu versuchen! Es ist so einfach, denjenigen fertigzumachen, der sich was traut! Vor allem, wenn es ein Kind ist!

Wie gedankenlos das ist, den Antrieb, die Neugier und das Bedürfnis nach Wachstum schon im Kindesalter zu zerstören! Mir wird klar, was hier passiert: Hier sorgt eine Generation dafür, dass die nachfolgende nicht über sie hinauswächst. Auf dass sie genauso faul, dumm und fett wird.

Und ich kann sehen, wo dieser Junge in fünfzehn, zwanzig Jahren stehen wird, wie er gebeugt und rückgratlos durchs Leben geht. Ich kann sehen, wie er sein eigenes Kind klein und dumm hält. Ich kann sehen: So einfach bricht man den Willen eines Menschen, wenn der noch ein zarter Schößling ist.

Mit einem Satz bin ich aus dem Becken. Ich stelle mich neben den Jungen. Er zuckt zusammen. Das Wasser tropft von mir herab, er geht mir nicht mal bis zum Bauchnabel. Er schaut zu mir hoch. Ich schaue ihn freundlich und offen an. Da entspannt er sich. Kurz streiche ich ihm über den Kopf, dann richte ich mit einer Handbewegung seinen Rücken auf, bis die Schultern wieder gerade sind. Zu reden gibt es nichts. Ein Lächeln huscht über sein Gesicht, als ich ihm meine Hand zum Einschlagen hinhalte. High Five! Er gluckst vor Freude, und stolz spannt er seinen kleinen Körper.

Lieber Leser,

bist Du bereit?

In diesem Buch findest Du fast 100 »Schlüsselsätze«. Jeden einzelnen Satz habe ich bewusst ausgewählt, weil ich der Meinung bin, dass er die Kraft hat Dein Leben zum Positiven zu verändern … wenn Du ihn verstehst, anwendest und ihn voller Überzeugung lebst.

Alle Schlüsselsätze kannst Du Dir übersichtlich und kostenlos als Willenskraft-PREMIUM-PDF hier herunterladen:

www.christian-bischoff.com/willenskraft

1. Kapitel – Das Gesellschaftsspiel

Wer hat gesagt, du musst?

Wie schnell sich alles ändert. Ich stehe mitten in den Alpen unter der glühenden Morgensonne und frage mich, wie ich den Betonhimmel der Basketballhalle noch vor kurzem für das Höchste im Leben halten konnte. Heute flattert über meinem Kopf nur ein Stück Stoff im Wind. Ich lese den Aufdruck TRANSALPIN RUN. Darüber spannt sich eine Aussicht, die mich fast aus den Laufschuhen haut.

Doch die Doppelknoten meiner Laufschuhe sitzen so fest wie mein Getränkegurt, mein Rucksack und der Etappenplan in meinem Kopf. 500 Frauen und Männer drängen sich jetzt am Start. Da hinten sehe ich die Australier, die gestern vor mir im Meldebüro waren. Dort der Spanier aus dem Hotel, der eben beim Frühstück vier Schokocroissants und ein Stück Kuchen verputzt hat. Starker Magen, denke ich und zwinkere ihm zu.

Hier im Pulk ist die Vorfreude fast mit Händen zu greifen. Sie heizt die kühle Morgenluft zwischen uns auf. Ein Funktionär spricht über Mikrofon. Ich höre nicht, was er sagt. Ich spüre meine Fußsohlen, meine Knie, meine Beine, die Kraft in meinem Oberkörper. Ich bin da. Ich bin bereit.

Da kriecht etwas unter meinen Laufanzug, steigt kribbelnd hoch bis in die Haarwurzeln. »I'm on the Highway to Hell!« Musik! AC/DC! Die Stimme von Bon Scott habihn-selig fährt aus den Boxen wie ein elektrischer Schlag durch meinen Körper. »No stop signs, speed limit! Nobody's gonna slow me down!« Diese Sprache verstehen alle. Jede Silbe eine Adrenalinspritze.

Ich schreie mit. Im Bruchteil einer Sekunde entfaltet der Song seine Kraft in der Menge. Alle wissen: Jetzt geht's los! Und mir wird klar, was da vor mir liegt: Rein in die Alpen und rüber. Acht Tage. 250 Kilometer. 15 500 Höhenmeter.

Ein Mann hat mich die ganze Zeit beobachtet. Kein Wunder, ich wirke mit meinen zwei Metern und hundert Kilo Lebendgewicht zwischen den ganzen Laufkaninchen hier wie ein gestrandeter Albatros.

Es ist Neil, der Engländer, mit dem ich mich heute Morgen unterhalten habe. Er ist so um die sechzig. Beim Frühstück sagte er zu mir: »Christian, life is like a coin. You can spend it any way you want. But you can only spend it once!« – da war ich still. In fünf Minuten habe ich von ihm mehr gelernt als von anderen in einem Jahr. Vor zehn Jahren war er selbst auf dem Highway to Hell unterwegs gewesen. Kein Arzt hätte nach seinem Hirnschlag noch einen Penny auf ihn gesetzt. Und jetzt? Schaut ihn an, jetzt läuft er hier mit uns allen über die Alpen.

Ich erwidere seinen Blick, da lacht er und brüllt über die kreischende Gitarre von Angus Young hinweg: »Ich werd's schaffen! Und du auch!« Er schlägt mir an die Brust.

»Wir seh'n uns im Ziel!«, gebe ich zurück.

Und da macht es Klick in meinem Kopf. Ich weiß plötzlich, dass ich es schaffe. Ich habe zwar keine Ahnung WIE. Bin bisher nur dreimal einen Marathon gelaufen. Ich weiß nur DASS. Probleme werde ich lösen, wenn sie *auftreten. Bis dahin werde ich einfach einen Fuß vor den anderen setzen. Schritt für Schritt für Schritt für Schritt für Schritt, 250 000 Mal. Über alle Pässe, über alle Grate und Hänge der Alpen bis ins Ziel. Scheißegal, dass alle sagen, das sei verrückt. Ich will über die Alpen laufen. Und ich werde ankommen. Nicht weil ich es schaffen muss. Sondern weil ich es schaffen WILL!*

Die Regeln der anderen

Zwei Tage vor ihrer Hochzeit rief meine beste Freundin an und meinte, dass sie sich total verknallt habe. Toll, dass ihr euch noch immer jeden Tag neu verliebt, antwortete ich. Doch da heulte sie schon los, dass es ein anderer sei. Und dass sie am liebsten mit ihm durchbrennen wolle. Was es da zu heulen gebe, fragte ich. Na, sie müsse doch jetzt heiraten. Alles sei vorbereitet, die Einladungen verschickt und das Essen bestellt. Was sollen denn die anderen denken? Sie könne doch nicht alles absagen!

Die Hochzeit fand statt. Als der Priester ihr dann am schönsten Tag ihres Lebens die Willst-du-Frage stellte, habe ich auf eine ehrliche Antwort gewartet: Nein, eigentlich will ich nicht. Ich muss.

Sie sagte schlicht: Ja.

So läuft das.

Willst du verstehen, was Willenskraft in deinem Leben bewirken kann, musst du erst mal das Gesellschaftsspiel verstehen. Das ist das Spiel, aus dem du raus willst. Aus dem ich bereits ausgestiegen bin.

Ach ja, übrigens. Ich sage einfach »du« zu dir. Ich mache das, weil das »Sie« nur eine unnötige Barriere und Distanz zwischen uns beiden aufbaut. Du kennst die Situation: Du hast fünf Jahre mit einem Kollegen zusammengearbeitet. Sagt immer »Sie« zueinander. Eines Abends beim Bier streckst du ihm die Hand entgegen und sagst: »Übrigens, ich bin der Christian. Lass uns duzen.« Er lacht dich freundlich an: »Gerne. Ich bin der Bernd.« Und du spürst, wie innerhalb von Sekunden eine emotionale Barriere zusammenbricht, die euch fünf Jahre lang auf Distanz zueinander gehalten hat. Diese Barriere wollen wir hier gar nicht errichten. Mein Vorschlag: Lass dich darauf ein! Wenn du das Buch wieder weglegst, kannst du dich ja wieder gesiezt fühlen, wenn du möchtest.

Das Gesellschaftsspiel also, zu dem wir alle tagtäglich erzogen werden, ohne es zu bemerken. Es ist leicht zu durchschauen, wenn du die Grundregeln kennst. Beobachte es im Supermarkt, im Büro, im Kino. Die Menschen reden ständig von den Ketten, die sie sich selbst anlegen. »Ich will heute Abend schwimmen gehen. Aber ich hab den Schreibtisch voller Arbeit« oder »In vier Wochen mit dem Rucksack durch Australien? Wer soll denn dann zu Hause auf den Hund aufpassen?«

Das ist das Spiel, aus dem du raus willst.

Die Leute ahnen irgendwie, was sie wirklich wollen, was ihnen fehlt. Und dass sie eigentlich viel mehr aus ihrem Leben machen könnten. Aber na ja, nun ist halt alles so, wie es ist, und man hat sich arrangiert. »Kein Wille: keine Vorstellung, keine Welt«, wie Arthur Schopenhauer gesagt hat. Irgendwie ist es ja auch ganz bequem so. Nicht zuletzt weil andere entscheiden und damit auch die Verantwortung übernehmen. Diese Menschen laufen vor sich selbst davon, obwohl sie wissen, dass sie früher oder später vom Leben wieder eingeholt werden. In meinen Seminaren stelle ich mich vor sie hin und rufe:

Übernimm einhundert Prozent
Verantwortung für dein Leben!

Und wenn alle das fleißig auf ihre Notizblöcke kritzeln, rufe ich wieder:

Stopp!
Schreib das bitte nicht auf!
Ich will nicht wissen, was du für ein Lebensversager bist, wenn das für dich was Neues ist!

Dann schaue ich in offene Münder.

Natürlich weiß ich nur aus einem Grund, wie dieses limitierte Leben aussieht: weil ich es selbst gelebt habe. Es ist voller Enge, voller Zwänge, Fremdbestimmung, Verstellung, Angst und Enttäuschung. Die Grundregel lautet: Ich muss!

Wir alle kennen das leiernde Mantra der Limitierten: Ich muss dies, ich muss jenes ... Ein Mann muss einen Sohn zeugen. Muss einen Baum pflanzen. Muss ein Haus bauen. Ach ja, das eigene Haus. Damit alle sehen können, dass du es geschafft hast. DEIN eigenes Haus! Gratulation! Wer fragt schon danach, was nach Zins und Tilgung und Instandhaltung übrigbleibt? Denn du weißt ja, für was du jahrzehntelang verzichten musst. Damit du später SICHER bist! Im Moment bist du eh zu beschäftigt, um das Leben zu genießen. Von Montag bis Freitag, 8 bis 18 Uhr, um genau zu sein. Das ist hart. Aber einer muss ja die Familie ernähren. Schluss ist mit 67. Und so schlimm ist es ja gar nicht. Denn wer alles gibt, wird auch belohnt. Der Boss ist fair und weiß, wer was für die Firma leistet. Du bekommst einen Dienstwagen. Bei guter Führung springt sogar ein Diensthandy raus. Nicht für Müller vom Vertrieb, der schon zehn Jahre darauf wartet. Ha! Du hast noch mehr Umsatz gemacht und darfst dir dafür das neueste iPhone aussuchen. Außerdem alle Gespräche frei. Jubel, Trubel, Heiterkeit! Als Gegenleistung muss das Ding nur rund um die Uhr eingeschaltet sein. Damit du als Springer erreichbar bist. Super Deal, oder? Dienstwagen und Handy – und schon hast du die »goldenen Handschellen« verpasst bekommen, die Firmen ihren

Mitarbeitern gerne anlegen. Damit sie nicht mehr abhauen können …

Das mit deiner Gehaltserhöhung ist allerdings in die Hose gegangen. Aber über Geld spricht man ja nicht. Man definiert sich lieber über das Erreichte, die Dinge, die man geleistet hat. Nicht wahr?

Gesellschaftsregel Nummer eins: Sag mir, was du hast, und ich sag dir, wer du bist. Bullshit! Gesellschaftsregel Nummer zwei: Wer nichts hat, der ist nichts. Was für ein Schwachsinn! Gesellschaftsregel Nummer drei: Nur harte Arbeit führt zum Erfolg. Quatsch!

Wenn ich heute Menschen begegne, die so denken, erkenne ich sie sofort. Schon an der Körperhaltung. Es sind die Duckmäuser. Die Buckler. Die Schleimer. Die mit der panischen Angst, anzuecken. Bloß nicht der Einzige sein! Bloß nicht isoliert sein! Und das, obwohl wir doch alle coole Individualisten sein wollen, die sich nach Kräften durch Mode, Musikgeschmack und Tattoos den Anstrich des selbständigen und frei denkenden Menschen geben.

Hundert Leute starren mich an, als käme ich vom Mars: So was macht man doch nicht!

Beobachte doch einfach einmal selbst, was passiert, wenn fünfzig dieser modernen, weltgewandten Leistungsträger morgens einen S-Bahnwaggon füllen. Obwohl sie sich fast gegenseitig auf dem Schoß sitzen, glotzt jeder bedröppelt vor sich auf den Boden. Kein Wort ist zu hören. Von einer Unterhaltung ganz zu schweigen. Es ist, als transportiere diese Bahn eine Ladung stummer Tiere. Keinen anschauen, nicht reden. Das macht man so in der S-Bahn!

Auch am Flughafen beobachte ich es immer wieder: Wenn ich die Zeit in der Wartehalle für meine täglichen Liegestütze und ein paar Rückenübungen nutze, starren mich hundert Leute an, als käme ich vom Mars: Spinnt der? So was macht man doch nicht!

Wie dieses Buch funktioniert

Auf diesen ersten Seiten hast du gleich schon mitbekommen, wie ich ticke. Ich bin kein Universitätsprofessor und ich werte auch keine theoretischen Fachbücher aus. Ja, eigentlich macht man das so. Aber ich war Profisportler, Profitrainer und bin heute Profispeaker – also Vollblutpraktiker. Warum fühle ich mich dann trotzdem qualifiziert, ein Buch über Willenskraft zu schreiben? Weil ich in meinem gesamten Berufsleben Willenskraft-Experte war und bin. Nach oben kommst du im Sport, egal in welchem, nur mit RIESEN-Willenskraft. Vom Spielerfach ins Trainerfach zu wechseln und es dann sehr schnell wieder nach oben zu schaffen – Willenskraft. Den Beruf komplett zu wechseln und es auch da in die Beletage zu schaffen – primär Willenskraft. Du erfährst von mir also aus erster Hand, was Willenskraft im Leben bewirken kann.

Das heißt aber nicht, dass ich mir keine Gedanken über den theoretischen Zusammenhang von Willenskraft, Fokus, Glauben, Selbstbestimmung usw. gemacht habe. Ich habe eine Systematik der wichtigsten Begriffe rund um das Wollen entwickelt, die erklärt, wie du aus dem unbewussten Mitläufertum des Gesellschaftsspiels ein erfülltes, glückliches, erfolgreiches Leben machen kannst. Diese Systematik findest du auch in diesem Buch.

Natürlich habe ich über all das viel nachgedacht. Vor allem seit dem Ausstieg aus meiner Trainerkarriere. Aber viel entscheidender als das bloße Nachdenken oder Theoretisieren ist das Erleben. Ich habe all das, was ich hier in diesem Buch schreibe, persönlich und intensiv durchlebt. Das gibt mir die

Sicherheit, über etwas zu schreiben, von dem ich auch viel verstehe: mein Leben. Natürlich habe ich allergrößten Respekt vor Menschen, die Studien machen, Tabellen erstellen, Sekundärliteratur wälzen und die Welt von Universitätsbüros aus beschreiben, was ich mir sehr schwierig vorstelle. Der Journalist Malcolm Gladwell etwa schreibt tolle Bücher, wie zum Beispiel »Überflieger«, in dem es um die Bedingungen des persönlichen Erfolgs geht. Aber bei aller Kunstfertigkeit merkt man dem Buch doch an, dass es am Schreibtisch recherchiert, konzipiert und geschrieben wurde. Wissenschaftler und Journalisten beschreiben die Welt eben aus der Distanz, ohne selbst einzutauchen. Ich habe die Erfahrung gemacht, dass ein fünfminütiges Gespräch mit einer beeindruckenden Persönlichkeit, die das, wovon sie spricht, auch täglich lebt, mir mehr Erkenntnisse bringt als das wochenlange Studium von Büchern.

Klar, ich habe auch viel gelesen. Aber auch bei den Büchern haben mich die starken Persönlichkeiten weiter gebracht als die theoretischen Abhandlungen. Als ich erfahren wollte, wie man ein Top-Trainer wird, habe ich die Bücher der Top-Trainer gelesen, Mike Krzyzewsky, dem Nationaltrainer der USA zum Beispiel. Mit ihm habe ich auch gearbeitet und mich persönlich unterhalten und schnell gelernt, dass das immer um ein Vielfaches effektiver und lehrreicher ist als das Theoriewissen aus Büchern. Als ich wissen wollte, wie man Top-Speaker wird, habe ich die Bücher der Top-Speaker gelesen, etwa Jim Rohn.

Aber das Wichtigste für mein Verstehen und Durchdringen der Thematik rund um die Willenskraft waren die Gespräche mit besonderen Menschen. In diesem Buch erzähle ich dir von vielen dieser Gespräche.

Das ist also mein Zugang zum Wissen, die Grundlage dessen, was du hier liest – ich bin kein Wissenschaftler, sondern wohl eher ein Machenschaftler (schade, dass das Wort »Machenschaften« so negativ besetzt ist). Bitte erwarte deshalb in diesem Buch keine Auswertung der wissenschaftlichen Fachliteratur über Willenskraft. Ich könnte das. Ich könnte auch jemanden beauftragen, das für mich zu tun. Aber es würde dir nichts bringen. Die Wissenschaft hat beispielsweise festgestellt, dass man Willenskraft trainieren kann wie einen Muskel. Na wunderbar! Das wusste ich schon als Jugendlicher. Aber wenn dir das passende Ziel fehlt und wenn du nicht begriffen hast, dass auch noch Glaube und Sinn dazukommen müssen, um dich dem Glück, dem Erfolg und der Erfüllung ein Stück weit näher zu bringen, hilft dir dein abstraktes Wissen gar nichts. So etwas teilt dir nur das Leben mit, kein wissenschaftlicher Wälzer.

Die Erfahrung vieler Menschen, die mit ihrem Leben bewiesen haben, dass das, was sie denken und sagen, richtig ist, ist die wertvollste Quelle unseres Wissens, unsere wichtigste Inspiration. Wenn ich diesen Menschen persönlich zuhöre und zu verstehen versuche, was sie mir sagen wollen, dann bin ich so nahe dran an der Erkenntnis, dass ich sie mit nur einem kleinen Sprung selbst in mein Leben integrieren kann. Und das ist, was zählt! Für mich waren es oft einzelne Sätze solcher Menschen, die mich wie ein elektrischer Schlag getroffen haben. Das ist der Grund, warum sich durch das gesamte Buch *Schlüsselsätze* ziehen. In diesem System aus Schlüsselsätzen zeigt sich ein anderer Zugang zu Wissen als in einem theoretisch-abstrakten Wissensgebäude – aber es ist ein Zugang! Und du hast die Wahl, ob du ihn nutzt oder ob du darauf wartest, dass jemand einen wissenschaftlichen Beweis führt.

Diese Schlüsselsätze entstehen, indem ich mit Menschen spreche, indem ich sie frage, warum sie tun, was sie tun, warum sie glauben, was sie glauben. Aber auch, indem ich mich selbst befrage, meine eigenen Überzeugungen ständig reflektiere. Warum das so wichtig ist? Weil ich sonst nicht verstehen kann, was in meinem Leben eigentlich abgeht. Schlüsselsatz: *Was ich glaube, bestimmt meine Realität.*

Ist das zu glauben?

Wenn ich glaube, dass ich dumm bin, dann werde ich nicht Vorstandsvorsitzender werden. Wenn ich glaube, dass ich hässlich bin, werde ich keinen schönen Menschen als Partner finden. Wenn ich glaube, dass ich vom Schicksal dazu berufen bin, dafür zu sorgen, dass Waisenkinder in Afrika menschenwürdig aufwachsen, dann werde ich nicht Kreditsachbearbeiter bei der Volksbank werden.

Was du glaubst, bestimmt deine Wahrnehmung, deine Gefühle – dein Leben. Und wenn du also glaubst, was andere in deinem Umfeld dir weismachen, dann wird dein Leben, wie sie es sich vorstellen. Willst du das?

Frag dich doch einmal selbst, warum du dieses oder jenes denkst, fühlst oder glaubst. Denn hier wird es spannend. Kommen deine Überzeugungen wirklich aus dir selbst? Und wenn nicht, woher dann?

Wer beginnt, seine Überzeugungen zu untersuchen, begibt sich auf eine Abenteuerreise in seine Vergangenheit. Ich will dir erzählen, wem ich auf dieser Reise begegnet bin.

Ganz tief in meiner Erinnerung höre ich die Stimme meiner Eltern. Sie warnen mich. »Pass auf!«, sagen sie und »Vorsicht! Fass das nicht an!«, »Finger weg, das ist gefährlich!«

Natürlich ist das der Job von Müttern und Vätern. Nur: Meine Eltern lehrten mich besonders effektiv, Risiken zu erkennen und zu meiden. Fast überflüssig zu erwähnen, dass ich ein ängstlicher Junge war. Aber Gott sei Dank war ich unter der Angstschicht von Natur aus ein Draufgänger.

**Was du glaubst,
bestimmt deine Wahrnehmung,
deine Realität.**

Überzeugungen entstehen aber nicht nur durch Sorge und Angst. Sondern auch durch Unterlassung. So erinnere ich mich nicht, je mit jemandem in meiner Familie über Gefühle gesprochen zu haben. Ich lernte daraus, natürlich unbewusst, dass man über Gefühle nicht spricht. Jahrelang hat mich diese Überzeugung daran gehindert, mich auszutauschen, meine Gefühle auszuleben und anderen Menschen nah zu sein.

Überzeugungen entstehen aber auch einfach durch Zufall. A sagt, B versteht. Leider oft das Falsche. Mit elf Jahren schrieb ich meinem Großvater eine Geburtstagskarte. Zwei Wochen später wollten wir uns im Wanderurlaub treffen: »Lieber Opa, alles Gute zum Geburtstag. Bald sehen wir uns beim Bergwandern. Eigentlich freue ich mich überhaupt nicht darauf! Viele Grüße, Dein Christian«

Ich freute mich überhaupt nicht? Natürlich meinte ich den Wanderurlaub. Ich hasste Wandern! Mein Opa las die Karte anders. Er entschied sich zu glauben, ich wolle ihn nicht wiedersehen – und war beleidigt. Als wir uns trafen, revanchierte er sich auf seine Art: »Christian, du bist dumm. So etwas zu sagen!« Ende der Diskussion. Richtigstellen durfte ich nichts, und mir fehlte auch der Mut, es trotzdem zu tun. Die Folge war: Ich fühlte mich dumm – denn ich glaubte meinem Opa – und schuldig noch dazu. Unsere Beziehung ist an dieser Kleinigkeit zerbrochen.

Die Grenze zwischen Missverständnissen und menschlichem Versagen ist schmal. Gerade bei Erziehern, denen du als Kind auf Gedeih und Verderb ausgeliefert bist.

Flashback. Grundschule. Erste Klasse. Ich bin in ein Mädchen verliebt, das heißt Sabine. Und da ich einer bin, der die Initiative ergreift, gehe ich in der Pause zu ihr hin und frage sie, ob sie mit mir gehen will. Sabine sagt: Nein. Wie bitte? Spinnt die?

Das ist natürlich eine krasse Kränkung, die mir die Schamröte ins Gesicht treibt. Vor allem, weil wir auch noch nebeneinander sitzen. Als sie aus der Pause zurückkommt und sich setzen will, ziehe ich ihr den Stuhl weg. Sie knallt auf den Hintern und mit dem Hinterkopf volle Kanne auf die Stuhlkante. Lässt einen Schrei los, dass die Scheiben klirren. Fängt an zu heulen. Da kommt auch schon der Lehrer rein. Alle reden durcheinander. Sabine schluchzt. Ich sage nichts. Alle wissen, was passiert war. Eine heult, der andere ist stumm. Klarer Fall. Ich werde nicht mal gefragt. Todernst schaut er mich an und sagt: »Christian, du bis asozial und böse! So etwas hab ich ja noch nie erlebt!«

Asozial und böse bin ich also. Natürlich wusste ich, dass ich etwas Falsches, etwas Gemeines und Hinterhältiges getan hatte. Doch ich spürte, dass der Lehrer mich *als Mensch* ablehnte. Mit dem Ergebnis, dass ein kleiner, zu früh eingeschulter, emotional heillos überforderter und verliebter Junge sich für durch und durch böse hielt, für einen hoffnungslosen Fall.

Weil ich schnell lernte, konnte ich bald negative Überzeugungen auch ohne fremde Hilfe ausbrüten. Anfang zwanzig war ich nach ein paar verkorksten Liebeleien davon überzeugt, dass ich absolut beziehungsuntauglich sei.

Eltern, Opa, Lehrer – mit ihnen hat für mich das Gesellschaftsspiel begonnen.

Aus Glaubenssätzen werden Lebensläufe

Wenn das Leben eine Reise ist, dann ist das Gesellschaftsspiel ein kleiner Bahnbeamter in speckiger Uniform. Miese Laune, graue Haut und Kippe im Mundwinkel. Doch wer ihn unterschätzt, verliert. Denn er stellt dir die Weichen. Für die meisten heißt das: einsteigen, Türen schließen, nächster Halt: bürgerliche Mitte. Alles streng nach Fahrplan: Kindergarten, Grundschule, Gymnasium, Studium, Job. Möglichst bei einer großen Firma. Heiraten, zwei Kinder, drei Wochen

Urlaub im Tessin. Sonntags zum Gottesdienst und anschließend Tafelspitz mit Serviettenknödel im Wintergarten.

Wer aus dem Gesellschaftsspiel aussteigt, tut das auf eigene Gefahr, aber auch für diejenigen, die willig mitspielen, endet die Reise oft tragisch. Sehr eindrucksvoll konnte ich das neulich bei meinem letzten Banktermin beobachten. Schon bei der Begrüßung stellte sich heraus, dass ich an einen Verkaufsroboter für bankinterne Vorsorgeprodukte geraten war. Unter den Augen eines Abteilungsleiter-Droiden schaltete der Blechmann auf Präsentationsmodus und informierte mich, die goldene Gans, vollautomatisch über Versorgungslücken und Altersarmut, während mir mit Schrecken klarwurde, dass nach einer Karriere in dieser Bank selbst der heißblütigste Mensch auf die zwei Dimensionen einer Powerpointfolie plattgewalzt wird.

Miese Laune, graue Haut und Kippe im Mundwinkel.

Dabei sind es die Emotionen, die dich und mich als Mensch ausmachen. Wem die Gefühle abtrainiert werden, dem wird das Leben ausgetrieben. Wenn der Körper ein Tempel ist, gleichen diese Menschen einer Grabruine. Stumm und alternativlos folgen sie wie Gespenster ihren täglichen Routinen und gehen die immergleichen Wege. Manchmal, wenn sie sich von der Eintönigkeit ihres Lebens ablenken möchten, ziehen sie sich die spannenderen Scheinrealitäten aus Hollywood rein. Sie vergleichen sich beinahe zwanghaft mit anderen und sind enttäuscht.

Du willst das nicht, das ist klar. Was kannst du also tun? Jeden negativen Glaubenssatz, den du mit dir herumträgst, kannst du feiern – bevor du ihn wegwirfst. Ich will dir zeigen, wie unglaublich wichtig es ist, die Überzeugungen, die von außen kommen, zu hinterfragen. Und dass du sie ablegen kannst, wenn du willst. Alle!

Als meine Basketballkarriere zu Ende ging und ich aus Amerika zurückkam, habe ich von meinem Mentor eine wichtige Lebenseinstellung für die Berufswahl mitgebracht. Schlüsselsatz: *Frage nicht, wie viel du in einem Beruf verdienst – frage, was für einen Menschen dieser Beruf langfristig aus dir macht!*

Als ich das kapiert hatte, war das Gesellschaftsspiel zum ersten Mal durchbrochen. Unbewusst natürlich, ich hätte das damals nie formulieren können. Mein Anwendungsfall: Ich hatte mich um eine Bankausbildung beworben. Beim letzten Gespräch saßen wir in einer Gruppendiskussion. Vier Jungs, zwei Mädels, der Personalchef und sein Stellvertreter. Die haben uns in die Mangel genommen.

Da hocke ich nun in diesem Zimmer hoch über Frankfurt, gebügelt und geschniegelt. Mein Anzug sitzt wie angegossen, ich habe ihn an den Armen sogar noch ändern lassen – und trotzdem leide ich Höllenqualen. Er zwickt und drückt dermaßen, dass ich mir das heute nur als natürliche Abstoßungsreaktion meines Körpers erklären kann. Meine fünf Mitbewerber sitzen da wie an den Stuhl genagelt. Ich habe schon bemerkt, dass sie diese Bewerbungsveranstaltung hier zu den Sternstunden ihres jungen Lebens zählen. Und vermutlich haben sie lange auf dieses Ziel hingearbeitet.

In der Gruppendiskussion steche ich heraus, kein Wunder, denn meine fünf Mitbewerber haben so viel Tiefgang wie die Holzvertäfelung an der Decke. Doch als ich mir die beiden Personalverantwortlichen anschaue, wie sie berechnende Fragen stellen und kalt Notizen machen, stocksteif und ohne eine Spur von Begeisterung oder Interesse im Gesicht, da weiß ich: Christian, so willst du nicht werden. Hier bist du falsch.

In diesem Moment habe ich mich innerlich bereits verabschiedet. Zwar bekam ich schon direkt nach der Diskussion ein gutes Feedback, und drei Tage später lag der Vertrag im Briefkasten. Aber da wusste ich schon längst, dass ich niemals mit Schlips und Kragen von morgens bis abends in einer Bank rumlaufen werde: kalt, emotionslos, sachlich.

Weil ich nie so werden will wie die Menschen, die ich dort getroffen habe.

Fünf Gesellschaftsspieler im Endstadium

Um dir zu zeigen, was das Gesellschaftsspiel aus den Menschen macht, werde ich dir ein paar Spieler vorstellen. Du bekommst auch eine Aufgabe: Entdeckst du dich selbst in einem davon? In mehr als einem? Hast du eine Ahnung, warum du das Spiel auf diese oder jene Weise mitspielst? Versuche, es herauszufinden. Es geht los:

Als Erstes laufen wir dem *Lebenslang-Arbeiten-Spieler* über den Weg: Du bist ihm sicher schon begegnet. Er lebt weder oben, noch unten, sondern mitten unter uns. Mit drei schluckt ihn der Kindergarten, von wo er in die Grundschule gedrückt und anschließend durch die Peristaltik der weiterführenden Schule geschoben wird. Wenn ihn dann Uni oder Meisterschule vorverdaut und wiedergekäut auf ein Bett aus Zeugnissen und Noten speit, wird er von einer Firma eingesaugt, durch deren Därme er wandert, bis er 67 ist.

Weil der Lebenslang-Arbeiten-Spieler stets in Symbiose mit Frau, zwei Kindern und Hypothekenkredit auftritt, reicht das Geld vorne und hinten nicht. Der Mensch lernt aus Erfahrung, also lernt dieses Exemplar, dass nicht genug für alle da ist. Ergebnis ist ein ausgeprägter Futterneid, der sich mit den Jahren auf seine ganze kleine Welt ausweitet.

Seine unverdaulichen Reste verlassen nun eines trüben Tages die Firma durch den Hinterausgang. Inklusive Blumenstrauß und vergoldeter Blech-Uhr für treue Dienste. Die zählt ab heute die Stunden herunter, die die Rentenkasse noch für ihn aufkommen muss. Doch sosehr er den Tag herbeigesehnt hat, an dem er endlich tun und lassen kann, was er will, so groß ist die Überraschung, als er merkt, dass daraus nichts wird. Weil das Geld immer noch nicht reicht.

Das Gute: Der Lebenslang-Arbeiten-Spieler wird mit eingebauter Sicherung gegen Durchbrennen ausgeliefert. Wird er mit unausweichlichen Tatsachen konfrontiert, leugnet er sie einfach. Der eine nennt das Selbstschutz, der andere Selbstbetrug. Entscheide selbst, wie du das siehst. Bekannte meiner Eltern haben diese Vogel-Strauß-Taktik zur Vollendung getrieben. Er war Beamter und ist jetzt im Ruhestand. Ihr Haus frisst nach 35 Jahren so viel Geld, dass zum Reisen nichts übrigbleibt. In den Oster- und Sommerferien fahren sie deshalb seit Jahrzehnten zwei Wochen auf den gleichen Campingplatz. Natürlich behaupten sie steif und fest, dass sie sich nichts Schöneres vorstellen könnten. Und das ist typisch. Denn wenn der Lebenslang-Arbeiten-Spieler etwas genau verinnerlicht hat, dann das: Denke nie zu groß!

Aber lass uns gehen. Zieh dir was Schickes an, wir werden auf einer Feier erwartet. Du lernst dort den *Status-Ego-Spieler* kennen. Er ist der Traum aller Schwiegermütter. Gutgekleidet und weitgereist. Er hat klein angefangen, in derselben Firma, in der sich schon sein Vater verdient gemacht hat. Was für ein Glück du hast, denn wir treffen ihn an seinem großen Tag. Eben wurde er vom Aufsichtsrat zum Vorstandsvorsitzenden gewählt. Schon seit er denken kann, träumt er davon, eines Tages einmal ganz oben zu stehen.

Das Gefühl, am Ziel zu sein, hatte er sich spektakulärer vorgestellt.

Doch jetzt sitzt er erst einmal hinter seinem kleinbusgroßen Mahagonischreibtisch, schaut aus dem Fenster mit dem besten Ausblick und betrachtet nachdenklich die Arbeiter, die aus den Werkshallen in den Feierabend strömen. Er ist am Ziel. Hat all das Geld und all die Anerkennung, die er sich immer gewünscht hat. Doch jetzt sitzt er ganz still und fragt sich: »War's das schon?«

Denn das Gefühl, am Ziel zu sein, hatte er sich anders vorgestellt. Irgendwie spektakulärer. Da muss doch noch irgendwas passieren. Fallen Luftballons von der Decke? Erscheint der Geist des Firmengründers? Wo bleibt das große Glück, jetzt, nachdem das große Ziel erreicht ist? Was wollte er eigentlich wirklich erreichen?

Da er noch ein ganz klein wenig tiefer in sich hineinhört, findet er heraus, dass er sein Leben lang das Ziel verfolgt hat, jemand zu werden. Wer erst jemand werden will – ist niemand. Ist doch logisch, oder? Und mit dieser Erkenntnis wollen wir ihn erst mal allein lassen. Damit er sich ordentlich ausheulen kann. Er weiß nämlich, dass er ein leeres Ziel verfolgt hat. Ein fremdes dazu, denn es wurde ihm von Papa schon als Junge eingeimpft. Dabei hat er all die Jahre versäumt, das einzig Wichtige zu tun: zu sein, wer er ist.

Außerdem steht da auch schon der Nächste vor der Tür. Der Lautstärke nach zu urteilen ist es der *Gleichmach-Herden-Spieler*. Sag ich doch. Den Typen erkenne ich schon an der Stimme. An seinem ewigen Gezeter. Den lieben langen Tag wettert er gegen Die-da-oben. Gegen die Bosse, gegen die Banker, gegen die Manager. Warum, das weiß er eigentlich selbst gar nicht so genau. Aber er meckert halt über alle, über die gerade alle meckern. Denn in der Herde fühlt er sich nicht so verloren und klein. Da wächst er über sich hinaus. Da kriegen die Großen mal richtig ihr Fett weg. Und wenn es im Moment gerade in ist, gegen Manager und Banker und Päpste zu wettern, ist er mit von der Partie.

Es ist einfach und gemütlich,
in der Herde zu bleiben und zu blöken.

Eigentlich findet er es gar nicht schlimm, wenn jemand viel Geld hat. Er ist nur sauer, dass er nicht mit dabei ist. Der Gleich-mach-Herden-Spieler sieht immer nur die Sonnenseite: dickes Konto, schicke Restaurants und die schönsten Häuser. Den Preis des Erfolges sieht er nicht. Er ist auch nicht bereit, selbst etwas für seinen Erfolg zu tun. Sein Hauptantrieb ist der Neid. Dieses unkontrollierbare Gefühl, das sich nur um die Güter anderer dreht.

Warum er sich nicht fragt, was ER besser machen kann? Wie er in seinem Leben vorankommen kann? Weil er es nicht gelernt hat. Und weil er den Weg des geringsten Widerstandes geht. Denn es ist einfach und gemütlich, in der Herde zu bleiben und zu blöken, wenn alle blöken. Auf den Gedanken, dass seine Einstellung die Ursache seiner Beschwerden ist, kommt er nicht.

Um dir den nächsten Spieler vorzustellen, müssen wir zu ihm nach Hause. Denn der verlässt die Wohnung nur noch, wenn sie brennt. Es ist der *Fremdbestimmungs-Frustrations-Spieler*. Er liegt auf der Couch, und sein Leben spielt sich im Fernseher ab. Sein Bauch ist so dick, dass er seine Füße mit den Händen wahrscheinlich vor 30 Jahren zum letzten Mal berührt hat. Da hängt er vor der Glotze und kuckt eine dieser Pech- und Pannenserien, in denen man Menschen beim Scheitern zusehen kann. Darüber kann er sich stundenlang beömmeln. Er lacht und denkt sich: Sind die doof!

Das Leben hat ihn kaputtgemacht.

Das Leid der anderen braucht er nämlich, um seine eigene Lage zu ertragen. Denn er war sein Leben lang fremdbestimmt und weiß das auch. Entsprechend groß ist sein Frust. Sein einziger Trost ist, heute Abend anderen dabei zuzusehen, wie sie sich zum Affen machen. Er ist durch und durch unzufrieden und unfreundlich, denn das Leben hat ihn kaputtgemacht.

Alles, was er noch spürt, zieht er aus Alkohol und Zigaretten. Dann fühlt er sich gut. Wer Emotionen nicht mehr selbst kreieren kann, nimmt Drogen. Sieht er Kinder im Hof spielen, staucht er sie zusammen. Einen Grund findet er immer. Die Welt war ungerecht zu ihm, und immer waren es die anderen, die ihn ausgebeutet und betrogen haben. Seine Rolle ist die Opferrolle. Die anderen sind schuld. Denn er selbst hat doch immer alles richtig gemacht. Nur ist die Belohnung dafür ausgeblieben. Deshalb denkt er nun: »Die sind alle gemein und kriminell. Und haben mich nach Strich und Faden abgezockt.«

Wir wollen ihn nicht länger belästigen. Denn es wartet ja noch jemand auf uns. Pass bitte auf, denn den *Limitations-Spieler* müssen wir mit Samthandschuhen anpacken. Er ist sehr empfindlich und lässt sich leicht entmutigen. Er nimmt nicht nur alle Begrenzungen, die an ihn herangetragen werden, willig an. Er begrenzt sich sogar selbst. Lass dich von ihm nicht runterziehen, denn seine große Stärke ist, sich die eigenen Schwächen vor Augen zu führen.

Ich erzähle dir von einer Limitationsspielerin, die ich vor kurzem getroffen habe. Es war nach einem Vortrag. Ich sitze also im Restaurant am Flughafen und esse ein Steak mit Salat. Eine junge Frau bedient mich. Sie sieht gut aus, ihr Service ist klasse, sie ist superfreundlich. Beim Bezahlen kommen wir ins Gespräch. Die Frau hat Charisma, ist eloquent, kann auf Gäste zugehen, sie kennt die Karte. Wow!

Dann erzählt sie, dass sie auch schon in einem Laden gekocht hat. Ich gebe ihr ein gutes Trinkgeld, dann schlag ich ihr vor: Mädel, du hast so viel Talent, mach doch dein eigenes Restaurant auf, statt hier für andere das Geld zu verdienen!

Und von ihr kommt: Eigenes Restaurant? Nee … das kann ich nicht. Und dann sagt sie einen Satz, der mich fast vom Stuhl haut: Männer verdienen das Geld und die Frauen arbeiten. Und ich weiß: Der Einzige, der diese Frau begrenzt, ist sie selbst. Sie pflegt die Kunst der Selbstbegrenzung und will ihr Potential nicht sehen. Das ist das Drama des Limitations-Spielers: Er hat keine Chance, weil er sie nicht sehen *will*.

Die Kunst der Selbstbegrenzung.

Jetzt hast du die fünf reinrassigen Gesellschaftsspieler kennen gelernt. In der freien Wildbahn laufen dir die buntesten Promenadenmischungen über den Weg. Du erkennst sie an ihrer Ausstrahlung, ihrer Körperhaltung. Daran, dass sie deinen Blick nicht erwidern oder einen labberigen Händedruck haben. Du merkst sofort, dass ihnen das Selbstvertrauen fehlt. Sie sind limitiert.

Und? Bist du dabei? Hast du dich erkannt?

Die gute Nachricht: Du kannst dich ändern!

Wer zeigt dir deine Grenzen?

Die meisten von uns haben irgendwann mal beschlossen: Da ist meine Grenze, da ist mein Limit. Was genau ist eine Grenze? Mach dir klar (das ist ein Schlüsselsatz): *Eine Grenze heißt, ein Potential NICHT ausschöpfen zu WOLLEN.* Du kannst nicht? Das heißt übersetzt: Du willst nicht herauslassen, was in dir steckt!

Es steckt doch alles schon in dir! Ein Sportler, ein Schlanker, ein Musiker, ein Model, ein Komiker, ein Politiker, ein Einfühlsamer, ein Entertainer, ein Dichter, ein Reicher, ein Tänzer, ein Redner ... alles in dir. Okay, nicht alles im Weltklasseformat. Aber darum geht es ja auch nicht im Leben.

Gemein ist, dass wir uns unserer Selbst-Limitation nur selten bewusst sind. Und dass wir deshalb meistens nicht wissen, wer die Grenzen in unserem Kopf gezogen hat.

Ich höre noch heute meinen Trainer in der Jugendnationalmannschaft sagen: »Christian, weiter als Bundesliga wirst du nicht kommen im Basketball.« Seit ich mit 16 in die Jugendnationalmannschaft kam, haben mich die Trainer unter den Korb gestellt, denn unter dem Korb steht immer der größte und kräftigste Spieler. Center heißt die Position. »Christian, das ist deine Position. Für alles andere bist du im Moment nicht schnell genug oder nicht koordiniert genug.«

Ich habe ihm das abgenommen, ohne zu widersprechen. Dabei war langfristig vollkommen klar, dass ich zu klein bin, um auf dieser Position international erfolgreich zu spielen. Shaquille O'Neal ist zwei Meter sechzehn bei Schuhgröße 60 und 150 Kilo Lebendgewicht. DAS ist ein Center! Ein Trainer mit Weitblick hätte meine Stärken vielleicht treffender beurteilt und mich zu einem international erfolgreichen Forward gemacht. Aber dazu hätte er sich für mein Potential interessieren müssen, nicht für den schnellen Sieg im nächsten Spiel.

Führungskräfte in Unternehmen machen oft denselben Fehler: Sie fragen sich: Wie muss ich meine Mitarbeiter einsetzen, damit sie jetzt möglichst schnell maximal produktiv sind. Ruckzuck passiert es dann, dass Mitarbeiter das tun, was dem Chef im Moment am meisten hilft, aber nicht das, was sie am besten können und wo sie das größte Wachstumspotential haben. Diese Chefs handeln, als ob es kein Morgen gibt. Denn zwangsläufig werden solche Teams im Laufe der Zeit nicht besser, sie werden schlechter.

Ich will dir erzählen, wie ich es als Trainer gemacht habe. Und zwar mit Karsten Tadda. Er spielt heute in Bamberg in der Bundesliga und ist gerade auf dem Sprung in die Nationalmannschaft. Ich hab ihn als Jugendlichen sieben Jahre trainiert. Sicher, er war damals kein genialer Spieler, aber man konnte sehen, dass er einmal ganz Großes leisten wird. Ich war der Einzige, der sein Potential erkannt hat. Alle »großen« Trainer haben mich ausgelacht, wenn ich ihnen gesagt habe, dass

Karsten mal Profi wird. Ihre Meinung: Zu klein. Zu schwach. Zu wenig Spielwitz. Zu »normal«. Zu wenig Talent.

Ich habe etwas anderes gesehen: Viel Selbstdisziplin. Sehr viel Freude am Spiel. Und ganz viel Herz. DAS sind die Zutaten für die besten Karrieren. Was ich ihm gesagt habe, war: Karsten, du hast es! Du kannst im Basketball sehr viel erreichen! Du kannst deinen Lebenstraum »Profi« Wirklichkeit werden lassen! Und das war ehrlich gemeint. Grenzen, die ihm die anderen gesetzt haben, habe ich wieder eingerissen. Schlüsselsatz: *Nichts kann die Willenskraft in einem Menschen mehr wecken als ein Chef, der an ihn glaubt.*

Wenn du mit Leuten arbeitest, in denen du etwas siehst, investierst du Arbeit. Schenkst ihnen Aufmerksamkeit, bietest ihnen Chancen, machst dir Gedanken um sie. Du baust sie auf, wenn sie am Boden sind. Du zeigst ihnen ihre Möglichkeiten statt ihre Grenzen. Du arbeitest mit Visionen statt mit Kritik. Du kreierst Lernerlebnisse statt Niederlagen. Das lässt sie über sich hinauswachsen. Dieser Effekt ist auch wissenschaftlich nachgewiesen: Wenn die Befriedigung der drei Grundbedürfnisse nach Autonomie, Kompetenz und Verbundenheit von außen unterstützt wird, zum Beispiel durch einen Trainer, dann steigt die intrinsische, also den Menschen von innen heraus antreibende Motivation. Beispielsweise haben Schüler von Lehrern, die sich für sie interessieren und sich um sie kümmern, messbar mehr »Bock« zu lernen, ganz unabhängig vom Stoff oder sonstigen Faktoren. Was wie selbstverständlich klingt, wurde 1986 von zwei Wissenschaftlern (Ryan und Grolnick hießen sie) experimentell bestätigt. Zwei Jahre zuvor wurde gemessen, dass positives Feedback bei Menschen den Glauben in die eigene Kompetenz erhöht. Es ist ganz einfach und absolut logisch: Die Menschen glauben, »es drauf zu haben«, wenn man sie lobt. Dieser verstärkte Glaube an die eigenen Fähigkeiten wiederum verstärkt ihre Motivation. Und je motivierter jemand ist, desto besser wird er sein. Ohne es zu wissen, habe ich also mit Karsten Tadda ein wissenschaftliches Experiment gemacht. Es hat geklappt, auch wenn keiner da war, um es zu dokumentieren.

Meine Motivation, ihn zu motivieren, war eine andere: *Nichts ist wertvoller, als die Menschen um dich herum besser zu machen.* Das ist ein Schlüsselsatz!

Volition? Volition!

Noch mal etwas genauer: Was genau war das, was ich in Karsten Tadda gesehen habe, was Grund genug für mich war, meine Zeit und Herzblut in diesen Jungen zu investieren? Ich habe in ihm nicht Motivation gesehen, sondern ich habe Volition gesehen. Volition?

In der Psychologie gibt es einen jungen Zweig der »Willenspsychologie«. Kurt Lewin, der berühmte deutsche Psychologe, der von den Nazis 1933 nach Amerika verjagt worden war, hatte zwar schon in den 1920er Jahren erstmals von »Volition« gesprochen, um der Willenskraft einen Fachbegriff zu geben. Aber weil ihm nicht gelungen war, die Volition plausibel von der Motivation zu trennen, verschwand der Begriff schon bald wieder.

Die Fachwelt reagierte damit so, wie sie eben immer reagiert, wenn ein ordentlicher Begriff fehlt: Sie zog es vor, das Phänomen zu ignorieren. Damit war für die Herren mit den weißen Bärten die Frage nach der Willenskraft erst mal für ein paar Jahrzehnte erledigt – ein wunderschönes Beispiel für das Kreiseln um sich selbst in den Elfenbeintürmen der Wissenschaft: Wenn sie theoretisch etwas nicht begreifen können, dann beschließen sie kurzerhand dessen Nichtexistenz. Das kann man heute auch wunderschön sehen am Beispiel der Homöopathie oder am Gesetz des Universums, dass Geben und Nehmen im Ausgleich miteinander stehen. Wissenschaftler finden (noch) keinen Beweis für diese Phänomene, der den wissenschaftlichen Kriterien genügt, also darf es die Phänomene auch nicht geben. Befürworter sind dann Scharlatane und müssen wie Hexen verfolgt werden.

Im Falle der Willenskraft ging die Sache allerdings gut aus, sonst hätte ich dieses Buch wahrscheinlich nie veröffentlichen können: Vierzig, fünfzig Jahre nach Lewin »entdeckten« Wissenschaftler erneut, dass es so etwas wie eine Willenskraft gibt, die sich von den Begriffen Absichtserfüllung, Zielerreichung oder Bedürfnisbefriedigung abgrenzen lässt. Also zückten sie ihre Taschenrechner, spitzten die Bleistifte und begannen in Experimenten die menschliche Fähigkeit zur Selbststeuerung zu messen. Frederick Kanfer, ein österreichischer Psychologieprofessor, der in den USA forschte, und Albert Bandura, ein kanadischer Psychologe, der unter anderem Ehrendoktor der Freien Universität Berlin ist und heute als einer der weltweit führenden Psychologen gilt, gaben damit der Willenskraft eine allseits anerkannte, wissenschaftliche Grundlage.

Die »Volition« feierte ein Comeback. Der deutsche Psychologe Heinz Heckhausen stellte zusammen mit seinem Schüler Peter Gollwitzer in den 1980er Jahren das »Rubikonmodell« der Handlungsphasen vor. Motivation und Volition waren darin wieder deutlich getrennt: Motivation beeinflusst die Zielsetzung, Volition ist die treibende Kraft zum Ziel. Die Motivation fragt: Was will ich denn überhaupt? Die Volition fragt: Und wie komme ich da hin?

Die vier Handlungsphasen des Rubikonmodells sind:

1. Abwägen der Möglichkeiten und die Entscheidung für eine davon: Was mach ich denn bloß?
2. Planen der Umsetzung in die Tat: So mach ich's!
3. Handeln: Jetzt mach ich's!
4. Bewerten des Handelns: Was hab ich da bloß gemacht?

Die Phasen zwei und drei sind die volitionalen Phasen. In ihnen geht es um die direkte Planung und Umsetzung. Hier wird der »Rubikon überschritten«, was sich auf Julius Cäsar bezieht, der 49 vor Christus mit seiner Armee das kleine norditalienische Flüsschen Rubikon Richtung Süden überschritt und dadurch einen Bürgerkrieg auslöste, an dessen Ende der Julier Kaiser von Rom war. Gemeint ist also der Übergang vom Vorhaben zur Tat.

Die Phasen eins und vier drehen sich nicht um die Zielerreichung, sondern um die Zielsetzung, also um das Motiv: Zuerst wird das Ziel gesetzt, und am Ende, in Phase vier, wird zur Vorbereitung einer neuen Zielsetzung die Zielerreichung untersucht. Das sind die motivationalen Phasen. Nun gut. Jetzt haben wir die Theorie besichtigt. Für mich klingt das alles sehr nach gesundem Menschenverstand. Ist aber echte Wissenschaft!

Und was sagt uns das für das wirkliche Leben? Vielleicht so viel: Im Gesellschaftsspiel kann es den Menschen an zwei Dingen fehlen: am Wissen, was sie eigentlich wollen, und am Willen, es zu bekommen. Schlimm ist es, wenn im Leben beides fehlt – so wie leider den meisten Menschen. Außerdem kannst du dir mit den wissenschaftlichen Ergebnissen die Erkenntnis, die du ohnehin schon hattest, noch mal bestätigen: Ziele alleine reichen nicht. Du brauchst Willenskraft, um sie zu erreichen.

Abgefackelt

Ich habe einen Bekannten, der ist Zahnarzt. Gibt schon seit fünfzehn Jahren Vollgas, um irgendwann das große Geld zu machen. Darauf hat sein Vater ihn von klein auf dressiert. Er wollte schon in der Schule immer der Beste sein. Heute will er der beste Zahnarzt in der Region werden und dann nur noch Privatpatienten behandeln. Am besten weltweit. Denn das bringt richtig Geld.

Ich weiß, dass er das schaffen wird, weil er gut ist. Doch ich weiß auch, dass er ausbrennen wird wie eine Papierserviette, die an einer Kerze Feuer fängt. Seine Arbeit wird ihm zur Last werden. Er wird sie lustlos und immer lustloser machen. Und zuletzt wird er morgens nicht mehr aus dem Bett kommen. Woher ich das weiß? Weil ich weiß, dass Geld immer nur ein externer Motivator ist, der dir nur kurzfristig Kraft gibt. Auf lange Sicht kann er das innere Feuer nicht füttern. Also ist in der motivationalen Phase seiner Berufsentscheidung wohl irgendetwas schiefgelaufen. Jetzt fragst du, was dann aus dem Zahnarzt wird. Das weiß ich nicht. Im Moment hat er nichts anderes im Kopf, als mit extra viel Volition seine Zeit in Geld zu verwandeln. Ich hoffe, dass am Ende noch Zeit für ihn übrig ist.

Ehrgeiz ist gut, solange er dich antreibt. Ehrgeiz wird zu deinem größten Feind, wenn du nur noch besser sein und mehr haben willst als andere. Dann schlägt er in Gier um. Gier nach Erfolg, Gier nach Lob, Gier nach Anerkennung. Gier nach Berühmtheit. Gier nach allem.

Du verlierst Schritt für Schritt den Kontakt zu dir selbst, deinen Gedanken, deinem Tun und deinem Leben. Du brennst aus, weil du von Gier und Angst getrieben wirst. Gier nach noch mehr. Angst, es zu verlieren. Angst vor Konkurrenz. Angst, nichts mehr wert zu sein, wenn das Geld weniger wird. Angst vor der Bedeutungslosigkeit. Die meisten Menschen glauben, sie seien ehrgeizig. Dabei sind sie in Wirklichkeit gierig und ängstlich. So wie mein Bekannter, der Zahnarzt.

Ach, ich war genauso. Als Gesellschaftsspieler habe ich mich von Eltern, Lehrern und meinem Umfeld erziehen lassen. Ich war so verbohrt erfolgsorientiert, so ätzend vergleichend, so beißend unzufrieden, dass ich mich heute frage, wie ich das so lange aushalten konnte.

Meine Gedanken aus der Zeit im Basketball machen mir

heute fast ein wenig Angst: Nur wenn du möglichst viele Spiele gewinnst, wirst du Meister. Wenn du die Meisterschaft gewinnst, bist du der beste Trainer. Klar, das ist die Logik des Profisports. Doch wenn wir gewonnen hatten, fühlte ich mich gut. Wenn wir verloren hatten, fühlte ich mich schlecht. Externe Ereignisse haben permanent über mein Wohlbefinden bestimmt.

Natürlich wird dieser externe Druck im Profisport ganz bewusst eingesetzt und kultiviert. Doch diese Gier, so weit wie möglich nach oben zu kommen, möglichst der beste Trainer von allen zu werden, das kann ich niemandem in die Schuhe schieben, schon gar nicht dem »System«. Das waren schon meine eigenen Gedanken. Am Schluss habe ich jeden anderen Trainer grundsätzlich als Konkurrenten gesehen und erst mal kritisch beäugt. Was will der? Kann er mir gefährlich werden? Am Ende konnte ich auf niemanden mehr zugehen und einfach mal sagen: »Gut gecoacht, ich habe heute was von dir gelernt.« Da war nur noch krankhaftes Konkurrenzverhalten.

Dazu kam der tägliche Kampf im Tagesgeschäft. Überall mischen Manager mit, die selten unter sportlichen Gesichtspunkten entscheiden. Sponsoren funken rein und reden bei der Spielerauswahl mit. Und irgendwann heißt es dann: Du musst diesen oder jenen Spieler nehmen. Obwohl du genau weißt: Das wird nicht gutgehen.

Irgendwann war mein inneres Feuer erloschen.

Am Ende war es ein Spiel, das ich alleine spielte, das mich aufgezehrt hat. Das Treibstoffreservoir hatte keine Zuflüsse, es war irgendwann leer. Wenn du mit meinen Spielern redest, wirst du etwas anderes hören. Einige werden sagen: »Ich kenne keinen Trainer, der mir so viel mitgegeben hat wie der Bischoff.«

Ich habe gerne alles gegeben, 24 Stunden am Tag, sieben Tage die Woche. Heute muss ich über mich selbst lachen, dass ich in vier Jahren kein einziges Mal Urlaub gemacht habe. Ich liebte diesen Job eben.

Aber irgendwann war mein inneres Feuer erloschen. Der Kopf wurde endlich kühl. Ich begann zu kalkulieren: Was wird dieser Job langfristig aus mir machen? Erwartet mich, wie es in der Trainerbranche üblich ist, etwas anderes als das Hire-and-fire-Karussell? Wie viele Saisons stehst du das noch durch?

Da wusste ich plötzlich, dass ich woanders als im Basketball so viel mehr im Leben erreichen kann, so viel glücklicher sein kann, so viel mehr ich selbst sein kann. So viele Dinge waren plötzlich möglich. Und das nur, weil ich einen kurzen Moment meine alten Ideale und Überzeugungen hinterfragt hatte.

In diesem Moment habe ich das Gesellschaftsspiel verstanden. Und die Basketballhalle ist mir von einer Sekunde auf die andere zu eng geworden. Ich trat aus dem Rauch und der Asche meines alten Lebens an die frische Luft. Der Horizont war wieder offen.

Wer hat gesagt, du musst? Niemand!

2. Kapitel – Selbstbestimmung

Wer sitzt am Steuer deines Lebens?

Abends sitzen alle fünfhundert beim Essen zusammen. Abgekämpft, aber glücklich ist der gesamte Tross des Transalpine Run in das Gemeindehaus des kleinen Alpendorfes eingezogen. Ich konnte sicher sein, von jedem Einzelnen etwas lernen zu können. Allein schon, weil sie aus allen Winkeln der Erde angereist waren, nur um ein Ziel zu erreichen, bei dem es nicht um Geld, Erfolg, Macht oder Ansehen geht. Ich wollte so viel wie möglich über möglichst viele von ihnen erfahren.
Das ist leicht. Denn wenn du Hunger hast, nimm dir einen Teller Nudeln und eine ordentliche Kelle Fleischsoße hinten am Verpflegungsstand. Und setz dich einfach zu uns. Annette, rück ein Stück zur Seite! Ihre Geschichte ist typisch. Sie kam 2007 durch Zufall zum Transalpine Run. Ihr Chefredakteur hatte sie geschickt. »Mach mal was über diese Verrückten!« So reiste sie als Pressevertreterin an. Eigentlich nervte sie die ganze Rennerei schon beim Zusehen. Denn sie rauchte zwei Schachteln am Tag, und weiter als zum Zigarettenautomaten lief sie nur in ungeraden Jahren. Während der vierten Etappe des 2007er Transalpine Run gab es einen Wintereinbruch. Die Teilnehmer mussten im Tiefschnee zwei Pässe überqueren. Nicht ganz ungefährlich. Annette witterte eine Story!

Sie bekam ihre Story – doch anders als erwartet. Von Abbruch konnte keine Rede sein. Trotz Schnee und Kälte, niemand hatte aufgegeben. In absoluter Ekstase kam ein Läuferteam nach dem anderen ins Ziel. Einige tobten vor Freude. Einige weinten – vor Glück. Andere tanzten wie kleine Kinder. Emotionen pur, live und ECHT. Dieses Gefühl kann man nicht beschreiben. Man muss es erlebt haben. Annette hatte es gesehen … und wollte diese Emotionen selbst spüren. Keine synthetischen Gefühle mehr, die mit Drogen wie Alkohol und Zigaretten kreiert werden. Sondern echte. Von dieser Sekunde an hat sie keine einzige Zigarette mehr geraucht.
2008 ist sie selbst gestartet. Nach der fünften Etappe musste sie aufgeben. Akku alle! Flasche leer! Also war sie 2009 wieder dabei. Auf dem höchsten Gipfel der Strecke machten dann ihre Oberschenkel zu. Krämpfe bei jedem Schritt. Aber Annette ist nicht auf den Kopf gefallen. Die letzten fünfzehn Kilometer mit 2500 Höhenmetern bergab ins Ziel ist sie einfach rückwärts gelaufen! Ist DAS eine Story? Annette gibt mir einen Schlüsselsatz: Wenn du einmal die Spielregeln verstanden hast, wird alles machbar.
Die Kleine daneben ist Chantal, das Kaninchen aus Kanada. Das ist ihr dritter Teller Nudeln. Auf den ersten Blick sieht sie aus wie ein kleines Pummelchen. Aber sie ist ein Kraftpaket. Ihren Job als Krankenschwester hat sie an den Nagel gehängt und reist um die Welt, den Laufevents hinterher. Marathonbestzeit 2:58. Sie ist den Yukon Arctic Ultra in Kanada gelaufen. Bei diesem Namen geht ein Raunen durch unsere kleine Läufergesellschaft. Hundert Meilen über das Eis. Wer sie so ansieht, wie sie kompakt dahockt und mit vollen Backen grinst, glaubt es kaum. Da siehst du, wie das Äußere eines Menschen täuschen kann.

Am Kopfende sitzt Petra, »Elektrogirl«, wie ich sie nenne. Petra hat Herzkammer-Flimmern und trägt seit zehn Jahren einen Defibrillator unter den Rippen. Flimmert ihr Herz, schlägt es also zu schnell, um noch Blut durch den Körper zu pumpen, versetzt der Defibrillator dem Herzmuskel einen elektrischen Schock. Kaltstart. Wie wenn der PC abgestürzt ist. Dieses Ding ist in den letzten zehn Jahren ungefähr 200 Mal angesprungen. Während der acht Etappen des Transalpine Run ist ihr »Defi«, wie sie den kleinen Lebensretter in ihrer Brust liebevoll nennt, zwölf Mal angesprungen. Am letzten Tag hat das Organisationskommitee sie auf die Bühne geholt. Und ein Sprecher hat ihre Geschichte erzählt. Manche Teilnehmer schüttelten den Kopf. »Fahrlässig«, »bescheuert«, hörte ich einzelne Stimmen aus dem Raunen in der Menge. Ich habe gejubelt und geklatscht. Denn ich bewundere ihre Einstellung und ihren Mut. Ich habe sie gefragt: »Wieso machst du das?« Ihre Antwort hat mich fasziniert: »Mein Leben kann jederzeit zu Ende sein. Bevor ich auf der Fernsehcouch mit ›Deutschland sucht den Superstar‹ oder ähnlich dummem Zeug sterbe, laufe ich doch lieber über die Alpen!«

Schiedstage

Woher willst du wissen, was in dir steckt, wenn du nie versucht hast, es aus dir rauszuholen? Vor anderthalb Jahren wollte ich mit meiner Frau Irina eine Radtour durch Deutschland machen. Von Garmisch nach Fehmarn, also einmal quer durch Deutschland – von Süden nach Norden. Wir hatten nur sieben Tage Zeit. Sie wusste, dass das nicht geht.

Na klar, das ist unmöglich. Zu wenig Zeit für 1000 Kilometer! Und alle Freundinnen, denen sie davon erzählte, wussten es auch. Eine Woche vorher wollte sie die ganze Sache hinschmeißen. Ihr Umfeld hatte ihr jeglichen Mut und Glauben an sich selbst geraubt.

Es war nicht einfach, sie zu überzeugen. Ich habe nicht mit ihr diskutiert, ob es geht oder nicht. Ich habe ihr einfach erklärt, WIE es gehen wird. Wo wir morgens starten und wo wir abends schlafen gehen. Wie viele Kilometer wir pro Tag zurücklegen werden. Wie wir auf Pannen reagieren. DASS es gehen wird, war darin schon implizit enthalten.

Sie zweifelte immer noch. Sie konnte es sich einfach nicht vorstellen. Ich sagte: Um aus deinem Leben ein Meisterwerk zu machen, musst du dir eines Tages beweisen, dass du das in deinen Augen Unmögliche schaffen kannst. Auch wenn du Angst hast. Mach dir bewusst: Angst entsteht doch nur aus mangelndem Wissen oder fehlender Erfahrung. Hast du beides, Wissen und Erfahrung, verschwindet die Angst. Deswegen: Mach das Unmögliche!

Manchmal haut dir das Leben ein NEIN vor den Latz.

Sie machte es. Wir hatten eine wundervolle Woche. Erst quer durch Bayern, dann Ostdeutschland, zum Abschluss Holstein – ein phantastisches Erlebnis. Sie hat die Strecke nicht nur ohne Probleme geschafft. Wir waren sogar noch einen halben Tag schneller oben als geplant. Wir haben ein völlig neues Bild von Deutschland bekommen. Und Irina von sich selbst. Davon, was sie schaffen kann, was ihr Körper leisten kann.

Als wir heimkamen, war ihr die Anerkennung der Freundinnen sicher. Alle, die gesagt hatten, das geht nicht, rieben sich verwundert die Augen und wollten die Bilder sehen. Kurz danach lief Irina ihren ersten Halbmarathon. Dieses Jahr will sie ihren ersten Berglauf machen. Sie hat gelernt, größer zu denken.

Größer denken zu lernen erfordert einen Entwicklungsprozess – das geht nur Schritt für Schritt. Du kannst nicht alle Sprossen der Leiter auf einmal nehmen. Schlüsselsatz: *Du kannst immer nur erreichen, was du dir vorstellen kannst.* Das ist einfach so. Wenn du dir ein Ziel nicht einmal vorstellen kannst, wirst du es niemals erreichen. Also: Anstatt zu unterlassen, was du dir nicht vorstellen kannst, trainiere doch lieber deine Vorstellungskraft. Umgib dich mit Menschen, die besser sind als du und deren Vorstellungskraft größer ist – und lerne von ihnen.

Irina weiß jetzt, was sie vom Nein der anderen zu halten hat. Anstatt das Nein der anderen zu übernehmen, musst du selbst entscheiden. Und manchmal haut dir das Leben ein großes NEIN vor den Latz. Du merkst: So geht es nicht. Es läuft anders, als du es dir vorgestellt hast. Du stagnierst. Unzufriedenheit kommt in dir hoch. Du kannst so nicht weitermachen. So war es bei mir damals im Ristorante Salinos. Tag der Entscheidung!

Ich spüre, dass etwas in der Luft liegt. Die Hitze drückt so brutal durch die Wolken, dass mir das Hemd an Brust und Rücken klebt. Als Wolfgang Heyder, Manager der Bamberger Basketballer, und ich den Schotterparkplatz des Ristorante Salinos überqueren, schlucke ich den Staub, den die Reifen von Wolfgangs A6 bei seiner Vollbremsung aufgewirbelt haben. Schon nach den paar Stufen die Steintreppe hoch bin ich platt. Denn ich habe kaum geschlafen. Vielleicht wegen Wolfgangs Anruf gestern kurz vor Mitternacht: »Christian, ich will mit dir die nächste Saison besprechen. Lass uns um ein Uhr zum Mittagessen im Salinos treffen.« Eine Antwort konnte ich mir sparen, denn er hat aufgelegt.

Jetzt sitzen wir uns gegenüber. Wolfgang redet wie ein Wasserfall, ich rolle das Wachs der Tischkerze zu kleinen Kugeln. Er plant fest mit mir für die nächste Saison – woher soll er auch wissen, dass ich seit Wochen die Frage hin und her wälze, ob ich weitermachen soll? Inzwischen bin ich so mürbe, dass ich die Antwort am liebsten dem Schicksal überlassen würde. Ich habe seit Wochen nicht das Selbstvertrauen, mir einzugestehen, dass alleine das Nachdenken über diese Frage von dem Wunsch herrührt, etwas verändern zu wollen. Warum würde ich sonst drüber nachdenken?

Während ich die Karos auf dem Tischtuch zähle, gerade – gehen, ungerade – bleiben, höre ich Wolfgangs enthusiastische Stimme über die nächste Saison reden. Und dann spricht die Stimme über mich. Über meine Funktion, meine Ziele, meine Zukunft. Wie aus großer Entfernung dringt sie nur noch schwach an mein Ohr. Ich schließe die Augen. Als sie verstummt, sage ich nur einen Satz:

»Wolfgang, ich bin raus.«

Im Vereinsumfeld war mein Rücktritt natürlich ein Knall. Der Bischoff hat sich selbst gefeuert! Hat einen laufenden Vierjahresvertrag, um den ihn viele beneiden – und dann schmeißt der einfach hin! Wie ich mich fühlte? Unglaublich frei. Obwohl ich gewaltige Ängste und Zweifel hatte. Klar, ich wusste ja auch nicht, wie es weitergehen würde. Wie ein Artilleriegeschoss am Scheitelpunkt der Flugkurve war ich für einen Augenblick schwerelos. Ab jetzt würde ich nur noch meinen persönlichen Lebenszielen entgegenstürzen.

Du kannst fallen. Du wirst fallen. Aber du wirst auch wieder aufstehen.

Bis heute bin ich noch überrascht, mit welcher Präzision ich schon am nächsten Morgen alles Nötige angepackt habe. Ungewissheit ist zu einem gewissen Grad gut. Sie setzt dich in Bewegung. Deinem neuen Ziel entgegen. Weil du willst, dass die Angst verschwindet. Dazu brauchst du Ergebnisse. Auf einmal schaffst du mehr, bist effektiver und entschlossener, als du jemals für möglich gehalten hast. Schlüsselsatz: *Die meisten*

Menschen holen nur das Beste aus sich raus, wenn sie sich unwohl fühlen.

Natürlich fühlte ich in den ersten Monaten eine große Unsicherheit. Ich würde lügen, wenn ich etwas anderes behaupten würde. Doch wenn ich in 15 Jahren Profi-Basketball eins gelernt hatte, dann das: Du kannst fallen. Du wirst fallen. Aber du wirst wieder aufstehen. Eigenverantwortung, Disziplin, Mut und Ausdauer. Diese vier Charaktereigenschaften sind der Zaubertrank, den du brauchst, um aus dem Gesellschaftsspiel auszubrechen. Entscheide selbst, sonst entscheiden andere über dein Leben. Hast du entschieden, sieh dich nicht mehr um.

Frage nicht: »War das die richtige Entscheidung?« Sondern sorge dafür, dass deine Entscheidung richtig wird. Die meisten Menschen kapieren das nicht. Die größte Macht, die du in deinem Leben hast, ist die Macht der Entscheidung. Triff eine Entscheidung und sorge selbst dafür, dass diese Entscheidungen sich im Nachhinein als richtig erweisen wird. So läuft das! Komm in Bewegung! Auf das neue Ziel zu. Tu etwas! Es wird das Richtige sein.

Ein kleiner Schubs

Obwohl ich die Entscheidung lange mit mir herumgetragen hatte, fiel sie von selbst, als die Zeit reif war. Heute weiß ich, dass sie eigentlich nur eine Entwicklung zum Abschluss brachte, die viel früher begonnen hatte. Vielleicht durch Zufall. Vielleicht durch eine Fügung des Schicksals.

Viele Leute denken, wenn du dich fragst, was du wirklich willst, musst du in drei Sekunden eine Antwort parat haben. Wie bei einem Werbespot auf RTL. Aber so einfach ist das nicht. Die Dinge brauchen Zeit, Ideen müssen reifen. Bei mir hat es mehrere Jahre gedauert.

Am Anfang dieser langen Entscheidungsphase stand ein Impuls von außen. Ich glaube, das ist immer so. Ich nenne es: Inspiration. Das Leben spricht täglich zu uns. Durch die Ereignisse im Alltag. Durch die Menschen, die wir treffen. Durch Erfolge, Misserfolge, unerwartete Chancen und Rückschläge. Leider haben die meisten Menschen nie gelernt, die Sprache des Lebens zu verstehen. Sie erkennen die Botschaften nicht, die das Leben ihnen täglich sendet.

Bei mir war das so: Neben meiner Profi-Trainerkarriere hatte ich parallel im stillen Kämmerlein sieben Jahre an der Fernuniversität Hagen BWL studiert. Ich wollte ein zweites Standbein haben. Nicht von der Maschinerie Profisport abhängig sein. Während all dieser Jahre habe ich mich gefragt, wie ich mein Studium optimal mit der Erfahrung verbinden kann, die ich im Sport gesammelt habe. Es muss doch ein nächstes Entwicklungslevel geben! Also suchte ich danach, spielte tausend Alternativen in Gedanken durch, verwarf sie alle und fing wieder von vorne an.

Eines Abends klingelte es. Als ich öffnete, blickte ich durch eine kleine runde Brille in zwei kleine, schlaue Augen. Das Gesicht kannte ich aus der Basketball-Halle und war ein wenig überrascht.

Es war der Vater eines Spielers, Schulleiter am Gymnasium zwei Querstraßen weiter. Ich rechnete damit, dass er sich beschweren wolle, weil sein Sohnemann am Wochenende nur kurz auf dem Spielfeld stand. Drinnen rückte er mit der Sprache raus: »Christian, ich hör von meinem Sohn immer, was du den Jungs in der Kabine sagst, vor dem Spiel. Das ist gutes Zeug. Ich will, dass du das meinen Schülern erzählst.«

Pause. Ich nur: »Als Lehrer oder wie?«

Er lachte. »Nein. Ich will, dass du einen Vortrag hältst.«

Ich war aber auch wirklich ein wenig schwer von Begriff. »Aber ich kann keine Vorträge halten!? Öffentlich reden ist nicht so mein Ding, weißt du ...«

Ich spürte, wie Unbehagen in mir aufstieg. Oder war es Angst?

Er lachte: »Christian. Ich arbeite seit vierzig Jahren mit Menschen. Ich höre, was du sagst. Und ich weiß, dass du es kannst. Also nächsten Mittwoch, Aula, dritte und vierte Stunde. Ich zähl' auf dich.«

Widerspruch zwecklos. Sein Charisma hatte mich überfahren. Ich musste mich meiner Angst stellen. Und bin ich ihm heute dankbar dafür ...

Schlüsselsatz: *Angst ist dein Freund.* Manchmal sagen dir deine Ängste, was du nicht tun solltest – meistens sagen sie dir aber genau das, WAS du tun solltest. Jedes Mal, wenn du deinen Ängsten ausweichst, vergrößerst du sie und blockierst deine eigene Entwicklung.

An diesem Mittwoch hielt ich meinen ersten Vortrag. Natürlich voll aus dem Bauch raus. Heute schmunzele ich ein wenig darüber. In diesen zwei Stunden hat mir das Leben meinen zukünftigen Weg gezeigt. Ich habe gespürt, dass ich die Menschen erreiche. Und dass mir das einen unglaublichen Spaß macht! Dieser Mann hatte an mich geglaubt und mir mein verborgenes Talent gezeigt. Ich wusste sofort, dass ich das ausbauen kann. Ich wusste sofort, dass ich darin so gut werden konnte, wie ich wollte. Natürlich bin ich nach dem Vortrag wieder in die Halle und habe Bälle an die Wand gedonnert wie eh und je. Aber diese kleine Idee ist nicht in die Schublade gewandert. Ich trug sie ab diesem Moment immer bei mir.

Warum erzähle ich dir das? Weil das Leben nicht nur NEIN sagt. Es sagt häufig auch JA zu dir! Du musst nur gut hinhören! Das Ja ist manchmal leise.

Dein Verstand versaut nur alles!

Die Sprache des Lebens ist die wichtigste »Fremdsprache«, die wir beherrschen sollten. Wichtiger als Englisch, Französisch und Latein ... Denn sie führt dich durch dein Leben. Um sie zu verstehen, musst du regelmäßig zwei Dinge tun: erstens dich und dein tägliches Leben analysieren, also deinen Kopf einschalten und selbständig all das interpretieren, was gerade geschieht. Und zweitens musst du auf deinen Bauch hören, deiner Intuition vertrauen. Sie hat die Antworten für dich. Dein Verstand versaut nur alles!

Woran merkst du, dass du auf dem richtigen Weg bist? Dass du dich nicht mehr von etwas weg-, sondern auf etwas zubewegst? Das ist einfach: Du hast plötzlich wieder ein ganz anderes Energielevel. Du springst morgens euphorisch und enthusiastisch aus dem Bett. Kannst es kaum erwarten loszulegen. Spaß, Freude und Inspiration begleiten jeden Handgriff und jedes deiner Worte. Dein Urvertrauen in dich ist wieder da, dein altes Feuer, und du weißt: Jetzt hast du es in der Hand. Und was du in der Hand hast, wird früher oder später gut. Manchmal später als früher, aber es wird. Und du genießt jeden neuen Tag. Auch wenn du noch nicht weißt, was auf dich zukommen wird. Die ganze Last fällt von dir ab. Die fremden Ziele, die Bürde des Gewinnenmüssens. Und das Unbehagen, mit Menschen zu arbeiten, mit denen du Tag für Tag Kompromisse schließen musst – weil sie anders ticken als du. Du spürst das Leben wieder in jeder Faser deines Körpers – eine neue Spannung, ein neues Glück.

Ich weiß nicht, was du glaubst. *Ich glaube, dass Glück immer in der Veränderung liegt.* Und das ist ein Schlüsselsatz.

Herr oder Sklave?

Gemäß der Selbstbestimmungstheorie setzen und verfolgen wir Ziele, um sieben Faktoren in unserem Leben zu verstärken: Wir wollen erstens persönliches inneres Wachstum, zweitens in gelingenden intimen Beziehungen leben, drittens einen sinnvollen Beitrag zur Gesellschaft leisten, viertens gesund sein und bleiben, fünftens in Wohlstand leben, sechstens Ruhm und Ehre erlangen, siebtens attraktiv sein. Diese sieben Werte zu vergrößern sorgt für einen inneren Antrieb, also intrinsische Motivation. Interessanterweise gibt es da keinen achten Faktor, der Sicherheit heißt, obwohl viele Menschen glauben, das Bedürfnis nach Sicherheit sei ihr wichtigster innerer Antrieb.

Wenn Menschen aber nicht aus dieser intrinsischen Motivation heraus handeln, sondern weil andere Menschen ihnen sagen, was sie tun sollen, vielleicht unter Androhung von Strafe oder durch Versprechen von Belohnungen, dann liegen die Ziele außerhalb der eigenen Persönlichkeit. Diese fremdbestimmten Menschen entfremden sich nach und nach immer weiter von ihrem wahren Selbst. Die Theorie der Selbstbestimmung, in den letzten zwanzig Jahren vor allem vorangetrieben von Edward Deci und Richard Ryan, besagt vor allem, dass selbstbestimmte, also intrinsisch motivierte Menschen glücklicher sind.

Wie kannst du selbstbestimmte von fremdbestimmten Menschen unterscheiden? Und zu welcher Spezies gehörst wohl du? Mit ein bisschen Übung kannst du es sehr leicht beurteilen. Stell dir Zwillinge vor. Jenny und Alex, zwei hübsche Girls. Beide arbeiten als Bedienung in einem Restaurant. Sie lächeln. Sie sind freundlich. Sie lesen dir jeden Wunsch von den Lippen ab. In weißer Spitzenbluse und schwarzem Rock stehen sie am Tresen und sehen zum Anbeißen aus.

Doch sie unterscheiden sich wie Tag und Nacht. Jenny ist eine Sklavin. Sie erledigt die Dinge, weil sie von ihr verlangt werden. Weil der Chef es gesagt hat. Und weil sie Angst hat. Denn sie glaubt, keine andere Chance im Leben zu haben. Sie braucht diesen Job unbedingt. Schließlich muss man ja Geld verdienen, um überleben zu können. Man MUSS! Innerlich schlüpft sie in eine Rolle, mechanisch, ferngesteuert, ohne Ausstrahlung und Herzblut. Der Job ist ok. Die Leidenschaft fehlt. Ihr Energiefeld strahlt genau diese Einstellung nach außen: Ich will nicht, ich MUSS. MUSS. MUSS. – Das spürst du. Obwohl sie lächelt.

Alex lächelt auch. Doch ihr Lachen kommt von innen. Sie liebt die Menschen. Sie liebt ihren Job. Sie freut sich über Gäste, weil sie neue Menschen kennenlernen will. Sie will nicht nur, dass ihre Gäste happy das Restaurant verlassen. Sondern auch, dass sie sich darauf freuen, wiederzukommen. Alex ist ein Sonnenschein. Kellnern ist ihre Leidenschaft, ihr Lebenssinn. Sie dient von und mit ihrem Herzen. Die Gäste sind total in sie verschossen. Auf den ersten Blick mag es ihr Aussehen sein. In Wirklichkeit ist es ihre innere Schönheit, die zum Vorschein kommt, weil sie ganz sie selbst ist.

Stell dir die beiden jetzt nebeneinander vor. Beide sehen beinahe identisch aus, es sind ja Zwillinge. Beide hübsch, beide nett, beide lächeln, beide machen den Job gut. Doch du fühlst den Unterschied: Jenny arbeitet. Alex lebt. Wenn du aus deinem Leben ein Meisterwerk machen willst, gehe nie einer Tätigkeit nach, die du als »Arbeit« bezeichnen musst!

Diese unsichtbare Grenze zwischen Selbstbestimmung und Fremdbestimmung findest du nicht nur im Job. Du kannst sie überall beobachten. Im Basketball habe ich sie bei kleinen Jungs gesehen, die gerade den Ball halten konnten. Der eine kam ins Training, weil der Papa das unbedingt wollte. Papa nannte das liebevoll: fördern. Sohnemann musste Papas Traum verwirklichen. Ergebnis: Er war körperlich anwesend. Aber die Leidenschaft, sein inneres Feuer, der eigene unbändige Antrieb waren nie zu sehen.

Talent wird gnadenlos überschätzt.

Ein anderer Junge spielte aus purer Lust, voller Freude, voller Energie. Er genoss jede Sekunde. Wollte gar nicht mehr aufhören. Papa musste sogar bremsen. Basketball ist sein Leben.

Ich habe einige solche Jungs gesehen. Ein paar davon sind heute Basketball-Profis.

Begeisterung ist der Schlüssel. Nicht Talent. Talent wird gnadenlos überschätzt! Wenn du begeistert bist, bist du inspiriert. Du bringst automatisch deine persönliche Bestleistung. Und nur darum geht's. Begeisterung kann nur aus dir selbst kommen. Und wenn dich tausend Herren tausend Jahre lang zwingen, sie werden keine Sekunde dein volles Potential anzapfen können, weil dein inneres Feuer nicht brennt.

Wie sieht es also bei dir aus? Frag dich doch einfach einmal, warum du jeden Morgen aufstehst. Quälst du dich mühsam aus dem Bett, weil du Geld verdienen musst? Oder startest du jeden Morgen neu, voller Pläne und Ideen? Wenn dich nur die Angst um deine wirtschaftliche Existenz aus dem Bett treibt, wirst du dich durch den Tag quälen. Du lebst wie in einem Film. Mit dem Gefühl, die Wirklichkeit nicht beeinflussen zu können.

Nur der willensstarke Mensch kann gestalten. Eigentlich weißt du genau, was du wirklich willst. Denn deine Wünsche und Träume zeigen es dir. Sie inspirieren dich. Du siehst, was wirklich in dir steckt. Viele träumen ihr Leben, wenige leben ihren Traum. Denn wer seine Träume leben will, muss zunächst aufwachen und handeln.

Selberdenken

Willst du dein Leben selbst gestalten, musst du es anderen aus der Hand nehmen. Das ist schwer und leicht zugleich. Du musst es nur lernen, wollen und üben. Wie Klavier spielen. Wer Herr seiner selbst sein will, muss zuerst Herr seiner Gedanken werden. Dazu musst du lernen, dir keine negativen Gedanken aufzwingen zu lassen.

Der Weg, den du zurücklegst, hat sechs Stufen, jedenfalls teilen das die führenden Wissenschaftler der Selbstbestimmungstheorie so ein. Vielleicht stehst du schon auf einer der oberen Stufen, dann ist der Weg zur Selbstbestimmung gar nicht mehr weit.

Die erste, unterste Stufe ist die der Amotivation. Auf gut Deutsch: null Bock. Von dieser Stufe zur nächsten führt nur ein Weg: Belohnung und Bestrafung, sprich: Kontrolle. Also genau das, was in der Schule gemacht wird und was manche Chefs am Arbeitsplatz machen, in den Firmen, die noch nach der Sechzigerjahremanier per Anweisung und Kontrolle organisiert sind. Diese Jobs und die entsprechend strukturierten Lehrer an den Schulen ziehen genau die passenden Leute an: Null-Bock-Mentalitäten. Und wenn die Leistungskontrolle effektiv ist, dann hebt das die Mitarbeiter auf die nächste Stufe:

Externale extrinsische Motivation, Stufe zwei. Von hier aus geht es weiter nach oben durch Pflicht- oder Schuldgefühl. Die Menschen verspüren also einen inneren Drang oder Druck, dem zu folgen, was ihnen vorgeschrieben wird. Da regt sich eine erste Spur von Freiwilligkeit, auch wenn es noch eine etwas armselige Freiwilligkeit ist.

Dadurch gelangt man auf Stufe drei: introjezierte extrinsische Motivation. Es wurde den Leuten also quasi eingeimpft, was sie tun sollen, und fortan laufen sie auch von alleine in diese Richtung. Das ist die Stufe, auf der die meisten Menschen in unserer Gesellschaft stehen. Sie merken nicht, dass die Werte und Glaubenssätze, nach denen sie handeln, gar nicht ihre eigenen sind, sondern die Impfstoffe ihrer Eltern und Lehrer aus frühen Kindheitstagen. Introjektion, das ist der Treibstoff des Gesellschaftsspiels. Wer es schafft, auf die nächsthöhere Stufe zu gelangen, der lässt die extern kontrollierte Motivation hinter sich und erobert das Feld der Autonomie, das ab hier beginnt.

Stufe vier ist die identifizierte extrinsische Motivation. Diese

Menschen haben volle Einsicht in die Notwendigkeit der vorgegebenen Ziele und heißen gut, was ihnen aufgetragen wird – die Vorgaben werden aus freien Stücken voll akzeptiert. Ein Traum für so manchen Chef! Diese Menschen sagen von sich, dass sie sich mit ihrer Arbeit identifizieren.

Weiter nach oben geht es mit Work-Life-Balance: Stufe fünf ist die integrierte extrinsische Motivation. Das ist das höchste Glück, das ein Angestellter erreichen kann. Er tut zwar, was ihm vorgegeben wird, aber er kann es mit all den anderen Aspekten seines Lebens in Einklang bringen. Sein Job trägt beispielsweise zu seiner Gesundheit und zu seinem Wohlstand bei, verschafft ihm Ansehen und macht ihn attraktiv für das andere Geschlecht. Außerdem findet er wichtig, was er tut. Keine schlechte Ausgangssituation, oder? Das Gesellschaftsspiel findet bei dieser Stufe ihre Grenze, denn darüber hinaus gibt es nur noch eine Stufe.

Die Wissenschaftler nennen sie: intrinsische Motivation. Ich nenne sie ganz einfach: Freiheit. Diese Menschen tun, was sie wirklich wollen, und sie tun es aus Spaß an der Tätigkeit an sich und aus reinem Interesse.

Das wirklich Spannende an dieser Stufenleiter ist, dass das persönliche Wohlbefinden mit jeder Stufe zwangsläufig zunimmt. Das wurde empirisch nachgewiesen! Mit anderen Worten: Selbstbestimmung macht glücklich.

Im letzten Kapitel habe ich dir geschildert, wie hinderliche Glaubenssätze entstehen. Jetzt zeige ich dir, wie du sie loswirst und Stufe drei in Richtung Autonomie verlassen kannst. Dies ist kein Ratgeber. Aber ich sage es dir trotzdem. Es ist lächerlich einfach. Alles, was du tun musst, ist, deine Gedanken zu beobachten – wenn der Eismann klingelt, wenn dein Chef deinen Namen ruft, wenn dein Schatz dich küsst. Lass alles kommen und gehen. Aber schreib es auf. Einen ganzen Tag lang. Hast du erst damit begonnen, wirst du dich wundern.

Die Menschen lassen ein Vermögen beim Friseur. Sie lassen sich Ohren, Augen und Nasen operieren, Falten wegspritzen und einmal die Woche die Nägel machen. Aber wer pflegt seine Gedanken? Fast keiner! Deine Gedankenpflege ist aber genauso wichtig wie deine Körperpflege, denn: Die Qualität deiner Gedanken bestimmt die Qualität deines Lebens.

Hast du abends deinen Zettel voller Beobachtungen, analysiere: Wie viele Gedanken waren negativ? Wie viele positiv? Erschrick nicht, es werden wahrscheinlich viel mehr negative als positive sein. Lass deinen Zettel etwas liegen, gewinne Abstand. Dann picke dir einen einzigen negativen Gedanken heraus. Hinterfrage ihn: Warum habe ich diesen Gedanken? Welches negative Handeln löst er unbewusst in mir aus? Welche negativen Emotionen und destruktiven Gefühle verursacht er? Wo liegt sein Ursprung? Wie ändere ich ihn in einen positiven, Energie spenden Gedanken um?

Das Leben ist eine Reise.

Du wirst feststellen, dass fast alle Gedanken auf Aussagen anderer Menschen oder Erlebnissen mit anderen Menschen zurückzuführen sind. Aus deinem Umfeld, aus deiner Vergangenheit. Entweder sie wurden dir anerzogen oder du hast sie von irgendjemandem übernommen. Schließe daraus aber nicht auf deine Zukunft. Wenn du einmal erkannt hast, was dich geprägt hat, kannst du damit arbeiten, damit spielen – du kannst deine Gedanken verändern. Schlüsselsatz: *Deine Zukunft muss nichts mit deiner Vergangenheit zu tun haben.*

Hast du einen negativen Gedanken gefunden, fang an, ihn zu ändern. So lange, bis er dir gefällt. Bis er dir Energie, Mut und Entschlossenheit gibt. Lass die negativen Gedanken los, indem du sie durch positive ersetzt. Man entdeckt keine neuen Kontinente, ohne den Mut zu haben, seine Heimatstadt zu verlassen. Denk nicht mehr: »Ich kann das nicht.« Sondern: »Ich möchte es lernen. Jede Minute, die ich übe, bringt mich dem Erfolg einen Schritt näher. Es ist noch kein Meister vom Himmel gefallen.« Das ist ein ganz neuer Ausgangspunkt.

Lass so Schritt für Schritt alle negativen Gedanken los und begrüße die positiven. Reiß das Unkraut aus und pflanze Blumen. Natürlich wird das Unkraut zurückkommen. Es ist unmöglich, überhaupt keine negativen Gedanken zu haben. Aber du wirst es immer schneller erkennen und aus deinem schönen Beet entfernen. Wie ein Gärtner bekommst du ein Auge dafür.

Stell dich vor den Spiegel und spreche laut und bewusst aus, was du dir wünschst. Lobe dich. Jeden Morgen drei Minuten lang. Der Spiegel ist die beste Übung, um dein Vertrauen in dich zu stärken. Dein wichtigstes mentales Gut, dein Selbstvertrauen, aufzubauen. Oder um mit dir selbst ins Reine zu kommen, dich als Mensch anzunehmen, als wunderbare, einzigartige Persönlichkeit. Es gibt nichts Besseres.

Aber erwarte nicht zu viel auf einmal. Geduld! Gib dir Zeit. Nichts geht von heute auf morgen. Es kann Wochen, ja Monate dauern, bis du die ersten positiven Veränderungen in deinem Alltag wahrnimmst. Du hast alle Zeit, die du brauchst, das Leben ist kein Crashkurs. Jeder Mensch ist das Produkt seines Umfeldes. Gewachsen über Jahre und Jahrzehnte. Erwarte also nicht, nach drei Tagen ein neuer Mensch zu sein. Genieße lieber deine Entwicklung und persönliche Veränderung. Das Leben ist eine Reise. Reise bewusst. Bestimme den Weg, indem du deine Gedanken bestimmst. Genieße jede Minute. Je mehr du deinen Denkapparat zu beherrschen lernst, umso schneller und leichter wirst du dich ändern. Deine Gedanken sind die Grundlage aller großen Taten. Geduld und Ausdauer der unverzichtbare Dünger.

50 Gründe, diesen
Arschtritt toll zu finden.

Ich habe das zum ersten Mal mit 26 gemacht. Nach meinem ersten Rausschmiss als Trainer habe ich drei Tage lang Rotz und Wasser geheult, denn mein größter Traum schien geplatzt. Ich wollte immer Bundesligacoach werden. Peng, war ich raus. In meinen Augen natürlich vollkommen unberechtigt. Alle anderen haben Fehler gemacht, nur ich nicht. Ich war doch das arme Opfer des Systems. So habe ich es damals gesehen, sehen wollen, um mir nicht selbst die Schuld daran geben zu müssen. Nach drei Tagen Jammern und Lamentieren habe ich mir selbst einen verbalen Arschtritt verpasst: »Halt die Schnauze. Hör auf zu jammern. Nutze die Chance! Lern daraus und zieh die Konsequenzen.« Damals gab mir ein Freund – ich werde noch von ihm erzählen – einen guten Rat. Er sagte: »Nimm einen Zettel und schreibe eine Frage drauf. Ich möchte, dass du dich fragst, was das Gute daran ist, dass du als Trainer gefeuert worden bist.« Das habe ich getan. Ich saß am Schreibtisch, bis ich 50 Gründe gefunden hatte, diesen Arschtritt toll zu finden. Es hat viele Stunden gedauert. Lies nur einige selbst:

- Ich kann aus diesem Negativerlebnis mehr lernen als aus den letzten drei großen Erfolgen.
- Ich habe endlich wieder Zeit für mich.
- Ich weiß jetzt, dass ich mich in vielen Situationen anders verhalten werde.
- Ich kann Menschen viel besser einschätzen und lesen.
- Ich habe keinen externen Druck mehr. Kann wieder ganz ich selbst sein.
- Ich werde mir wieder bewusst, was wirklich wichtig ist.
- Ich kann meinen Fokus auf Aufgaben lenken, die ich zu lange aufgeschoben habe.

Während dieses »Spiels« begriff ich zum ersten Mal in aller Deutlichkeit, dass es Situationen gibt, die ich nicht kontrollieren kann. Obwohl ich mein Bestes gegeben habe, endeten sie negativ und führten mich in ein persönliches Tief, – ich erlebte sie als Rückschlag, Scheitern, Misserfolg oder Zurückweisung.

»Was ist das Gute daran?« – wenn du dir diese geniale Frage stellst, fängst du an, die Sprache des Lebens zu verstehen. Denn auf dem Weg zu deinem großen Ziel ist jeder Rückschlag nur eine von zwei Botschaften des Lebens:

Botschaft eins: »So nicht.« – Du musst etwas korrigieren.

Botschaft zwei: »Noch nicht.« – Du brauchst mehr Geduld und Ausdauer. Die Zeit ist noch nicht reif. Du bist noch nicht erfahren genug.

Es gibt im Leben nämlich kein Scheitern. Außer du entscheidest dich an einem bestimmten Punkt, dass du hier und jetzt gescheitert bist. Es gibt keine Niederlagen – nur Lebenslektionen. Lerne die Lektion, komm mit neuer Strategie wieder ins Handeln und biege auf die Überholspur des Lebens ein. Zuerst einen Gang zurückschalten, analysieren, korrigieren, dann wieder Gas geben, hochdrehen, ausscheren und vorbei!

Willkommen im Bewusstseinsspiel

Mein Freund und Mentor Hermann Oberschneider ist ein ganz besonderer Typ. Wer mit ihm arbeitet, kann ein Lied davon singen. Der Refrain geht so: »Ich habe nicht gefragt, OB es geht. Sondern WIE es geht.«

Er war schon früh sehr erfolgreich mit seiner Skischule in Österreich. Doch er wusste: Ich bin gut genug, die Welt zu erobern. Dann hat er sich bei MBT eingekauft, dem »anti-shoe«, einer kleinen Marke mit einer tollen Geschichte – Gesundheitsschuhe für das Lifestyle-Publikum. Kann man aus dieser Firma eine Weltmarke machen? Falsche Frage! Noch mal: WIE kannst du aus dieser Firma eine Weltmarke machen? Gute Frage. Fangen wir an …

Heute ist die Firma 500 Millionen schwer und die Models auf den Pariser Laufstegen tragen MBT. Egal ob Wien, Vancouver, Hongkong, Tokio oder New York – du kannst dir überall ein schickes Paar aussuchen.

Hermann ist ein absoluter Macher. Das zeigt er nicht mit Zeugnissen oder Titeln. Er überzeugt durch Taten, durch Leistung. Er ist kein Selbstdarsteller, wie man das von CEOs und Vorständen gewohnt ist. Hermann ist einer, der immer knallhart vom Leben lernt. Er selbst sagt: Talent, Schulabschluss – alles unwichtig. In unseren Wäldern wäre es sehr still, wenn nur die talentiertesten Vögel zwitscherten. Wille, Ausdauer und Disziplin sind das Entscheidende.

Das merkst du schon, wenn er dir in die Augen sieht, mit seinem ernsten, fokussierten Blick. Er ist kein besonders emotionaler Mensch. Dafür siehst du die Willensstärke schon seinem Körper an. Kantiges Kinn, markantes Gesicht, harte Muskeln. Seine Sprache ist einfach. Und seine Worte trudeln manchmal erst nach und nach ins Ziel wie die Läufer beim Transalpine Run. Weil sein Kopf meistens schon viel weiter ist.

Im Wald wäre es sehr still, wenn nur die talentiertesten Vögel zwitscherten.

Ein Dreivierteljahr habe ich Hermann gecoacht. Dabei habe ich genauso viel von ihm gelernt wie er von mir.

Zum Beispiel, als er mir deutlich gemacht hat, dass es den Satz »Kann ich nicht« nicht gibt. Die Frage ist nur, ob du etwas willst oder nicht. Das war so: Ich habe ihm von meinem ersten Marathon erzählt und wollte, dass er mich lobt. Er sagte nur: »Versuch doch nächstes Jahr mal einen Iron-Man.«

Meine Antwort war ziemlich bescheuert: »Nee, Iron-Man kann ich nicht.«

Da meinte er: »Kann ich nicht, gibt's nicht. Entweder du

willst oder du willst nicht. Was du willst, wirst du auch können. Aber hör auf, dich anzulügen mit ›Kann ich nicht‹!«
Mit diesem Satz hat er meine Grenzen verschoben. Als ich meine Redner- und Trainerkarriere gestartet habe, meinte er zu mir: »Christian, du kannst dir aussuchen, ob du einer der besten Redner und Trainer in Deutschland werden willst oder weltweite Bekanntheit erlangen möchtest. Du entscheidest. Du musst nur wissen, was du willst. Dann wirst du dich auch entsprechend weiterentwickeln, denn ich sehe dir an, dass es deine Mission ist. Wir sehen uns an der Spitze. Du als Redner und ich als MBT-Chef. Wir werden zusammen einen Vortrag halten.«

Kapitel 3 – Fokus

Fünfundsiebzig Sekunden. Wie du dein Glück verzappst

Vor uns liegen nur noch Geröll und Schutt. Mein Atem geht ruhig und gleichmäßig in der dünnen Luft auf über 3000 Meter Höhe. Als ich die Augen schließe, sehe ich in meiner Vorstellung zum hunderttausendsten Mal die riesigen, rotglänzenden Räder einer Dampflok. Kolben und Treibstangen bewegen sich gleichförmig und leiten die Feuerkraft aus dem Kessel auf den blanken Stahl der Schienen. Drehung für Drehung für Drehung. Schritt für Schritt für Schritt durchquere ich seit Tagen genauso gleichmäßig die Alpen, wie meine imaginäre Dampflok über die Gleise fährt. Bergauf habe ich mich schon lange an Heiko, meinen viel stärkeren Teampartner drangehängt: Kopf runter, Hirn ausschalten, an seine Fersen heften. Dicht an dicht geht es seit der ersten Etappe so einen Gipfel nach dem anderen hinauf, und inzwischen folge ich fast blind dem Zischen der Kiesel, die bei jedem seiner Schritte zur Seite spritzen. Tschk … Tschk … Tschk … Als mich ein Schrei aus meinen Gedanken reißt, schaue ich hoch. Der höchste Punkt des Tages liegt keine fünfzig Meter vor uns. Ein Läufer reißt die Arme hoch und jubelt. Der Anblick des Gipfelkreuzes vor strahlend blauem Himmel löst auch bei mir einen Endorphinschub aus. Die Sehnsucht nach Höhepunkten ist tief im Menschen verankert!

Kurz bevor ich selber oben auf dem Kamm bin, meldet sich mein Verstand. Laut und deutlich, glasklar: »Christian, wer hier oben steht, hat nicht das Geringste erreicht! Wenn du deinen Gedanken jetzt gestattest, deinen Gefühlen zu folgen, wirst du nicht heil ins Tal kommen.«
Verdammt! Ich muss meinen Geist wieder einfangen. Ihn aus den Wolken der Euphorie zurück in meinen Körper zwingen.
Warum? Weil noch nicht einmal die Hälfte geschafft ist! Bergauf ist »einfach«: Hirn aus, quälen, Schweinehund überwinden. Bergab wird so ein Laufwettbewerb entschieden: Riesige Kräfte wirken bei jedem Schritt auf deine Gelenke und Sehnen ein, das Sieben- bis Achtfache deines Körpergewichts. Eine immense Verletzungsgefahr! Schlagartig geht es nach der Kuppe steil runter – in einem viel höheren Tempo. Und das sind ja keine Wanderwege, sondern Geröllpisten. Hier entscheidet jeder Schritt über deine Gesundheit. Setzt du einen einzigen daneben, liegst du flach – wenn du Pech hast, für acht oder zehn Wochen.
Beim Bergablaufen schiebst du den Oberkörper so weit vor die Knie, dass der Schwerpunkt vor den Beinen ist. Dein Körpergewicht zieht dich jetzt den Berg runter. Du fällst quasi ständig nach vorne und läufst von selber. Damit kannst du nicht mehr abbremsen. Du musst auslaufen. Mindestens vier bis fünf Schritte. Deshalb musst du genau wissen, wo du deinen Fuß hinsetzt. FOKUS: Auf welchen Stein setze ich den nächsten Schritt? KONZENTRATION: Wo darf ich nicht hintreten? Wo könnte ich ausrutschen? Das Gleichgewicht verlieren? AUFMERKSAMKEIT: Wie verändere ich in Sekundenbruchteilen meine Schrittfrequenz, um heil und zügig ins Tal zu kommen? Hundertprozentige Präsenz, pure mentale Stärke – unter voller körperlicher Belastung. Tempo halten,

gleichmäßig atmen, die Kraft in den Oberschenkeln zentrieren. Nicht zu Heiko abreißen lassen ... Er ist bergab viel stärker als ich ... Christian, noch mehr Fokus! Wie lange kann ich den halten?

Bergab fühle ich mich wie bei einer Fahrt auf der Autobahn mit Tempo zweihundertvierzig im Dunkeln. Du siehst nur noch Mittelstreifen und Randstreifen, sonst nichts mehr. Du siehst gerade so weit, wie der Lichtkegel deiner Scheinwerfer reicht. Und wenn für den Bruchteil einer Sekunde deine Konzentration flöten geht, dann gnade dir Gott ... Du kriegst einen Tunnelblick, und der Geist fokussiert sich auf den kleinen Ausschnitt, der für dich wichtig ist. Die nächsten zwei bis drei Schritte. Alles andere blendet er aus.

Je größer die körperliche Belastung ist, desto wichtiger ist dein Fokus. Gewöhnlich gilt: Je müder du wirst, umso mehr lässt deine Konzentration nach. In der Woche Alpenlauf lerne ich eine Lektion fürs Leben: Wenn du deinen Körper richtig mit Energie versorgst und deinen Fokus lange halten kannst, sind unglaubliche Dinge im Leben möglich. Wenn dein Geist willig ist, ist es egal, dass das Fleisch schwach ist. Deshalb: Erlaube niemals deinem Körper, deinen Geist zu kontrollieren!

Du kriegst nur, was du willst

Während meiner Zeit als Basketballtrainer hatte ich gelernt, dass nicht unbedingt das stärkere Team gewinnt, sondern häufig das Team, das sich besser fokussieren kann. Wie sehr der Fokus über das ganze Leben eines Menschen entscheidet, weiß ich erst heute. Die meisten Profi-Bergsteiger sterben dann, wenn sie ihr eigentliches Ziel schon erreicht haben: beim Abstieg.

Ein selbständiger Verkäufer, der einen fetten Auftrag ergattert hat, ist finanziell noch lange nicht unabhängig. Ein Formel-1-Fahrer, der die schnellste Runde fährt, steht noch nicht auf dem Siegertreppchen. Wer Hochzeit feiert, ist mit seinem Lebenspartner noch nicht glücklich alt geworden. Wer sein Unternehmen zum Branchenprimus entwickelt, ist ab jetzt in den Augen aller der Gejagte. Wer auf dem Gipfel steht, darf sich nicht ausruhen und glauben, er habe schon gewonnen. Im Gegenteil, Willensstarke arbeiten genau an diesem Punkt noch härter. Sie schalten nicht ab, sondern verstärken die Konzentration noch einmal.

Im Profisport gibt es eine Faustregel: An die Spitze zu kommen ist »einfach«, sich dort oben zu halten ist die eigentliche Kunst. Der FC Bayern München beispielsweise ist der einzige deutsche Fußballverein, der diese Kunst beherrscht. Seit vierzig Jahren wird der Club in schöner Regelmäßigkeit ungefähr jedes zweite Jahr Deutscher Meister. Die andere Hälfte der zu vergebenden Titel der Bundesliga haben acht Vereine unter sich aufgeteilt, wobei sich keiner von ihnen dauerhaft in der Spitzengruppe halten konnte. Dabei folgte oft direkt auf den Meistertitel der Absturz ins Mittelmaß oder gar der Abstiegskampf. Mit dem Erfolg verlieren die meisten den Fokus.

Den Fokus zu setzen und zu halten ist eine Kunst, die viel mit Selbstdisziplin zu tun hat. Wenn du das verstanden hast, wirst du spüren, dass Fokus genauso wie Wille, körperliche Kraft und Ausdauer trainierbar ist.

Mit der Energie unserer Gedanken schaffen wir über kurz oder lang unsere Wirklichkeit. Im Moment merkst du davon noch wenig. Aber wenn du den Mechanismus verstanden hast, wirst du stärker und stärker. Schlüsselsatz: *Dein Leben und deine Energie folgen deinem Fokus.*

Deshalb ist es so wichtig, dass du dich auf deine Träume und Wünsche fokussierst und nicht auf deine Probleme. Viele Menschen missverstehen diesen Zusammenhang. Es gibt zwei große Gruppen in unserer Gesellschaft: Die eine Gruppe lässt sich ein Leben lang von den Medien vorgeben, worauf sie sich fokussiert. Von der Zeitung, vom Radio und von dem, was im Fernsehen kommt. Eigentlich lassen sich diese Leute permanent unterhalten. Auch wenn sie Nachrichten schauen, hören oder lesen. Das Problem dabei: Unsere Medien bringen zu 90 Prozent schlechte Nachrichten. Du ziehst dir täglich Umweltkatastrophen, Mordprozesse, Vergewaltigungen, Amokläufe, Streiks, Rücktritte, Kriege, Proteste, Finanzkrisen und Arbeitslosenzahlen rein. Du fokussierst dich auf Unglück – wie willst du da glücklich sein?

Das ganze Leid hält ja keiner aus. Deshalb lenken wir uns ab, zerstreuen uns: mit Talk-, Game- oder Castingshows, Krimis oder Soaps. Wir lassen uns unterhalten. Dabei hat das Wort unterhalten nicht von ungefähr große Ähnlichkeit mit »unten halten«. Wer sich permanent unterhalten lässt, kann im eigenen Leben nicht nach oben kommen.

Die zweite Gruppe sind die, die sich einer schnellen Hoffnung oder einem Versprechen hingeben und glauben, dass ihr Glück vom Himmel fällt, wenn sie nur fest genug daran glauben. Sie schreiben Wunschlisten und bestellen fleißig beim Universum. Dann halten sie die Hände auf und warten …

Sorge immer nur dafür, dass der Trend stimmt.

Ich sehe das anders. Deine Gedanken sind Energie. Diese Energie fließt permanent durch deinen Körper. Der Körper muss jedoch die Energie deiner Gedanken in Taten umsetzen. Erst deine Taten wirken und schaffen Ergebnisse. Egal, ob im Beruf, in deiner Freizeit oder im Sport. Und es ist dein Fokus, der diese Energie bündelt und ausrichtet – wie ein Brennglas das Licht.

Indem du deinen Fokus richtig setzt, kannst du Schritt für Schritt eine Aufwärtsspirale in Gang bringen – nicht indem du dir überzogene Ziele steckst, sondern durch viele kleine Zwischenziele, die dich deinem großen Endziel näher bringen. Sorge immer nur dafür, dass der Trend stimmt. Das Leben wird dich zur rechten Zeit an dein Ziel führen.

Wie Gedanken Wirklichkeit schaffen, siehst du im Profisport. Die Gedanken des Trainers formen jeden einzelnen Spieler. Wenn ein Fußballtrainer große Stücke auf einen Spieler hält, ihn entsprechend fördert und fordert, spielt dieser normalerweise großartig. Spieler, in denen der Trainer kein Potential sieht, spielen meistens auch schlecht und verkümmern auf der Bank. Das steckt primär hinter dem Geheimnis, warum beispielsweise ein Lukas Podolski im Verein jahrelang schwach spielt und immer dann, wenn er in der Nationalmannschaft aufläuft, zu den Besten gehört. Dabei wäre es so einfach, diesen Spieler als Trainer auch im Verein zu führen. Wir erkennen dieses Muster im Fußball auch häufig, wenn ein Team seinen Trainer gewechselt hat und ein Spieler aus der zweiten Reihe auf einmal wie der Phönix aus der Asche steigt und zum Superstar wird. Das gleiche Prinzip gilt fürs gesamte Team: Siehst du Spieler, die einander anschreien und mit dem Finger aufeinander zeigen, weißt du sofort, der Trainer ist ein Schreihals. Eine Mannschaft, die ruhig und besonnen spielt und die in schwierigen Situationen die Nerven behält, lässt sofort die Handschrift eines ruhigen und besonnenen Trainers erkennen, den so schnell nichts aus der Ruhe bringt. In Firmen, die mich als Coach buchen, beobachte ich das gleiche Phänomen: Mitarbeiter, die bisher graue Mäuse waren, laufen auf einmal zu Höchstform auf, wenn ein neuer Chef in ihnen etwas »sieht«.

Schon im Jugendalter beginnt dieses Spiel. An Deutschlands Schulen – ich habe inzwischen zu über hunderttausend Schülern gesprochen – treffe ich regelmäßig Lehrer, die sagen: »Die heutigen Schüler sind nicht mehr das, was sie mal waren. Sie sind unfreundlich, hören nicht zu und zeigen keinen Respekt.«

Jetzt stell dir so einen frustrierten Pauker vor. Du hörst sein Genörgel. Und weißt du was? Er wird mit seiner Einschätzung immer recht behalten! Denn er beeinflusst durch seine Gedanken seine eigene Wahrnehmung und damit auch die Realität im Klassenzimmer. Er strahlt sein Vorurteil Kindern und Jugendlichen gegenüber den ganzen Tag aus. Und junge Menschen haben sehr feine Antennen für so etwas. Wenn ihr Gegenüber ihnen durch seine Körpersprache, seine Haltung signalisiert: »Du bist ein verstrahlter, computersüchtiger Vollidiot. Mit dir kann ich nicht das Geringste anfangen.« Und natürlich reagieren die Schüler darauf. Mit Ablehnung und Respektlosigkeit. Und ich finde, das ist ihr gutes Recht.

Ich habe eine andere Einstellung gegenüber Jugendlichen. Ich weiß, dass sie sehr, sehr leicht zu erreichen sind. Nimm sie ernst. Rede nicht von oben herab. Sprich ihre Sprache. Seit ich mit ihnen zu tun habe, kenne ich mein Ziel. Wenn es heißt: »Die hören nicht mehr zu« – dann will ich, dass sie mir zuhören. Wenn es heißt: »Die haben vor nichts und niemandem mehr Respekt« – dann will ich, dass sie vor mir Respekt haben. Und wenn ihnen – angeblich – »alles egal« ist – dann will ich ihr Herz erreichen und ihnen helfen, den Glauben an sich selbst, ihr Talent und ihre Einzigartigkeit wiederzufinden. Und wenn ich das mal nicht schaffe? Dann lag es an MIR und ich weiß, dass ICH das nächste Mal etwas anders machen muss – nicht die Jugendlichen!

Ich wollte ein so guter Schulredner werden, dass heftig Pubertierende volle zwei Stunden absolut gefesselt in meinem Vortrag sitzen und es sie am Ende begeistert von den Stühlen reißt. Nur darauf habe ich mich fokussiert. Alle haben gesagt, das geht nicht. Geht doch! Ich habe diese Situation in meinen Gedanken erschaffen und wollte, dass sie Wirklichkeit wird. Damit sie Wirklichkeit werden konnte, musste die Energie meiner Gedanken in mein Handeln fließen. Das tat sie, weil ich mich fokussierte, weil ich mich permanent fragte: »Was muss ich tun und wie muss ich es tun, damit mein Ziel wahr wird?« Und nach den Antworten habe ich gehandelt. Versuch, Irrtum. Versuch, Irrtum. Versuch, Irrtum. Eines Tages: Erfolg!

Heute ist es beinahe Alltag, obwohl ich noch immer jedes Mal eine Gänsehaut verspüre. Wie ich das geschafft habe? Ich habe mich während meiner Vorträge immer nur auf die Zuhörer konzentriert. Was brauchen sie in dem Moment? Wie kann ich ihnen dazu verhelfen? Wie kann ich sie noch besser erreichen? Was muss ich sagen? Wie muss ich sprechen? Wie muss ich sie involvieren? Dann habe ich gehandelt, es ausprobiert, obwohl ich nicht wusste, was passiert. Habe meine eigene Angst vor dem Neuen überwunden.

Immer wieder kannst du bei fokussierten Menschen diese Aufwärtsspirale beobachten. Wenn du gelernt hat, sie zu sehen. Wenn du dein Bewusstsein darauf eingestellt hast, siehst du sie immer wieder, genauso wie du das Auto, das dir derzeit so gut gefällt, ständig siehst. Eine wunderbare Aufwärtsspirale hat Mirko Petrick initiiert. Zu meiner Bamberger Zeit war er ein junger Trainer in Leipzig. Wir trafen uns bei einem Meisterschaftsspiel, bei dem wir seine Jungs mit 100 Punkten Differenz aus der Halle schossen. Es war kein Spiel, sondern ein sportliches Massaker. Dennoch spielte sein absolut talentfreies Team das gesamte Spiel mit nie nachlassendem Kampfgeist. Damit wusste ich, dass er ein guter Trainer sein muss. Am Ende des Spiels kam Mirko mit einer Frage auf mich zu: »Coach, wie kann ich meinen Traum verwirklichen, Profi-Basketballtrainer zu werden?«

Ich sagte: »In der Basketball-Diaspora Leipzig wirst du das nie schaffen. Du musst dich mit Profis umgeben. Und zwar mit den Besten! Versuch, zu uns nach Bamberg zu kommen. Als Trainer hast du da zwar momentan keinerlei Chance. Aber bewirb dich als Praktikant im Büro, und sobald dein Arbeitstag vorbei ist, geh abends in die Hallen, schau den Trainern bei ihrer Arbeit zu, lerne von ihnen und trete in Kontakt mit ihnen.«

Mirko wollte! Keine drei Monate später stand er in Bamberg auf der Matte, mit einem Praktikantenvertrag in der Tasche. Arbeitete von morgens neun bis abends um sechs im Büro. Anschließend saß er in der Halle und hat uns beim Training zugeschaut. JEDEN Tag! Irgendwann habe ich ihn angesprochen: »Wenn du schon die ganze Zeit hier auf der Tribüne sitzt, kannst du mir ja auch mal helfen.«

Ich habe ihn zwei, drei Mal das Aufwärmen machen lassen und schnell gemerkt, dass er gut bei den Spielern ankam. Eines Abends kam seine Chance. Ich musste kurzfristig zu einem Termin und konnte mein Team nicht trainieren. Also bat ich Mirko, für mich einzuspringen.

Zehn Minuten vor Trainingsende kam ich in die Halle und sah lauter begeisterte Gesichter. Mir war klar: Dieser Mann ist voll auf sein Ziel fokussiert, er lernt schnell, absolviert alle Trainerausbildungen, ist engagiert und zuverlässig. Seine Zeit wird kommen. Als ich Bamberg verließ, hat ihn unser Manager sofort angesprochen und ihm eines meiner Aufgabengebiete anvertraut. Mirko hat seinen Wunsch verwirklicht: Er wurde Profi-Trainer.

Mirko hatte ein Ziel. In dieses Ziel ist die gesamte, fokussierte Energie seiner Gedanken geflossen, und mit dieser Energie hat er sich jeden Tag gefragt: »Was muss ich tun und wie muss ich es tun, um Profi-Trainer zu werden?« Er hat sich den Erfolg nicht nur gewünscht, sich hingesetzt und gewartet, sondern er hat gehandelt.

Sein Fokus lag auf der täglichen Arbeit in der Halle nach Feierabend, darauf, wie das geht zwischen mir und den Spielern und wie es sein wird, wenn er es selber macht. In welcher Kneipe er mit Freunden heute Abend sitzen könnte, was Wichtiges im Fernsehen kommt und dass sich die Rechnungen stapeln, weil er von seinem Praktikantengehalt kaum die Miete zahlen kann – all das hat er komplett ausgeblendet. Das hat ihn ans Ziel gebracht.

Schlüsselsatz: *Fokussierter Wille, unterstützt durch tägliches, entschlossenes Handeln, macht aus deinem Leben ein einzigartiges Meisterwerk.*

Die Ablenkungsmaschine

Die Welt ist ein einziger großer Reiz. Jede Sekunde deines Lebens ist eine Entscheidung. Willst du im Chaos Ziele finden und gelingt es dir, deinen Fokus auf sie zu richten? Oder gibst du dich der Ablenkung hin und verbrennst deine Zeit kurzweilig, unkonzentriert und erfolglos? Gelegenheiten dafür gibt es wie Sand am Meer, die Versuchung ist groß. Ablenkung ist süß, verführerisch und giftig wie Industriezucker. Wenn du deine Gedanken nicht zusammenhältst, spült der Monsun von Nachrichtenmüll, Werbung, E-Mails, SMS und Tweets deine persönlichen Lebensträume, versteckten Potentiale und inneren Fähigkeiten einfach die Gosse hinunter.

Und genau hier sind wir am Punkt. Warum fällt es den Menschen heute so schwer, sich zu konzentrieren? Versetze dich schnell mal in den Leiter eines kleinen Planungsteams bei einem Automobilzulieferer, Bosch, Conti oder Siemens VDO, du hast freie Auswahl. Du hast ein Treffen mit deinem Team angesetzt, einen Plan gemacht, Aufgaben verteilt und festgelegt, mit welchem Ergebnis du aus dem Meeting rausgehen willst: Die Produktionszahlen planen. Den Forecast für die nächsten Tage und Wochen festzurren. Die Ressourcenverteilung überprüfen. Jetzt sitzt das Team zusammen und man plaudert. Es ist total nett, alle unterhalten sich, die hübsche Juniorin vom Controlling erzählt von ihrem Erlebnis auf dem Kongress, als sie den ehemaligen Mitarbeiter getroffen hat, der jetzt bei BMW ist. Sie zeigt mit ihrem Handy die Fotos herum, die sie dort gemacht hat. Die Vorträge waren ganz okay, aber am Abend auf der Party, die Fiat traditionell ausrichtet, erreichte die Stimmung den Höhepunkt. Sie erzählt charmant, und alle lauschen. Du gönnst ihr das Erfolgserlebnis. Aber du wolltest aus diesem Meeting ein Ergebnis mitnehmen. Als du auf die Uhr guckst, sind die fünfundvierzig Minuten vorbei und du hast einen Anschlusstermin. »Time flies when you're having fun« von Smokey Robinson kommt dir in den Sinn. »Sollen wir die Zahlen jetzt schnell noch machen? Ach wisst ihr was, die Tschechen können ruhig mal eine Woche warten.«

Zwei Tage später bestellt dich dein Boss ein. Die Kollegen im Werk in Tschechien mussten das Band anhalten, weil ihnen die genaue Stückzahl der benötigten Kleinmotoren gefehlt hat. Geschätzter Verlust: drei Komma sechs Millionen Euro zuzüglich deiner Teamleiterstelle. Und warum? Wegen der charmanten Art der Juniorin vom Controlling.

In jedem Meeting rächt sich fehlender Fokus. Wer schon mal ohne ein klares Endziel und Zeitlimit in eine Mannschaftsbesprechung gegangen ist, weiß, wovon ich rede. Du kommst vom Hundertsten ins Tausendste. Und brauchst für ein Thema, das eigentlich in einer halben Stunde abgehakt wäre, drei. Ohne Agenda in ein Gespräch zu gehen heißt, ohne Fokus in ein Gespräch zu gehen. Wer so etwas tut, weiß nicht, was das Ziel der Besprechung überhaupt ist. Zudem gibt es in jedem Team Mitglieder, die die Kunst perfektioniert haben, andere zu defokussieren: mit blöden Bemerkungen, fadenscheinigen Einwürfen und angelernter Skepsis, mit der sie die gewünschte Aufmerksamkeit aller auf sich ziehen. Folglich suchen sich die Gedanken ihren eigenen Weg, und der ist leider meistens kraus. Rede führt zu Gegenrede, Beziehungsebene überlagert Sachebene, und schon nach zwei Sätzen ist selbst der Minimalkonsens unerreichbar. Defokussierung und Inkonsequenz sind nämlich ansteckend.

Time flies when you're having fun.

Deshalb braucht ein Team eine Figur, die den Fokus permanent auf das gemeinsame Ziel richtet. Dafür ist Autorität nötig. Denn Gedanken sind Energie, und die Frage ist immer, wessen Energie die stärkere ist. Beobachte es selbst, wenn ein konsequenter und ein inkonsequenter Mensch zusammentreffen. Es ist ja nie so, dass beide haargenau so weitermachen wie vorher. Entweder wird der Konsequente etwas vom Inkonsequenten übernehmen – »Vielleicht sollte ich mal fünfe gerade sein lassen …« – oder andersherum.

Ich will nicht fünfe gerade sein lassen. Ich weiß, wo ich hinwill, und ich bin stark. Mit dieser Haltung mache ich mir nicht nur Freunde. Ich bin unbequem. Ich nerve. Ich will weiterkommen. Ich will nicht unterbrechen. Ich will nicht quatschen. Ich will Ergebnisse. Wenn du fokussiert ein Ziel verfolgst, wirst du schnell auf Menschen treffen, die nicht deiner Meinung sind und dich ablehnen. Genau dann musst du deinen Weg weitergehen. Schlüsselsatz: *Du wirst nie selbstbestimmt leben, wenn du es allen recht machen möchtest.* – Aber hey, wer hat gesagt, dass du beliebt oder bequem sein sollst? In dem Moment, in dem dein Fokus stärker ist als der der anderen, bekommst du keine Sympathiepunkte. Geh deinen eigenen Weg. Aber am Ende, wenn die Ergebnisse da sind, bekommst du den Respekt!

Fühl doch, was du willst!

Wer nicht gelernt hat, seinen Fokus zu kontrollieren und zu steuern, der ist meistens auch davon überzeugt, Emotionen und Gefühle seien etwas Unkontrollierbares, das aus dem Nichts kommt und uns fremdsteuert. Das stimmt nicht. Wir schaffen unsere Gefühle selbst. Schlüsselsatz: *Worauf du dich fokussierst, das fühlst du.*

Wenn du an einen Menschen denkst, der dich liebt, fühlst

du dich geliebt. Wenn du an einen erreichten Erfolg denkst, fühlst du dich jetzt in diesem Moment erfolgreich – und wenn du an eine Niederlage denkst, fühlst du dich niedergeschlagen. Eine Emotion, die du einmal in deinem Leben erlebt hast, ist für immer in deinem Körper gespeichert. Darum sind traumatisierte Menschen dauerhaft gezeichnet. Der Körper vergisst nicht, was du gefühlt hast. Du kannst es jederzeit wieder abrufen. Wie? Indem du dich auf die Situation fokussierst, in der du die Emotion hattest.

Somit ist klar: Glück ist eine Emotion, die du selbst kreierst. Wie du das machst? Indem du dir jetzt in diesem Moment bewusst machst, wie gut es dir eigentlich geht, was du alles hast, dass du gesund bist. Wenn du in die Vergangenheit schaust, denke an Momente, in denen du glücklich warst. Versetze dich in sie hinein, erlebe sie wieder: Wo warst du? Mit wem warst du zusammen? Was habt ihr gesagt? Was hast du getan? Je intensiver du die Situation vergegenwärtigst, desto mehr wirst spüren. Wenn du in deine Zukunft schaust, gilt genau das Gleiche: Denke an Aufgaben, Ereignisse und persönliche Entwicklungen, die dich mit positiver Energie füllen.

Leider nutzen viele Menschen ihren Fokus täglich, um sich unglücklich zu machen: wer sich den ganzen Tag auf das Schlechte und Negative fokussiert, fühlt sich auch schlecht. Wer sich den ganzen Tag darauf konzentriert, was er nicht kann, nicht gut macht und was nicht geht, der verliert seinen inneren Antrieb. Die Welt verliert für ihn die Farbe, wird dunkler und kälter ... STOP! Emotionen passieren nicht, du machst sie. Liebe, Glück, Freude sind die Produkte deines Geistes. Genauso kreierst du Frust, Ärger, Wut und Minderwertigkeitsgefühle.

Stell dir vor, du schaust morgens in deinen Terminkalender und denkst: »Was wird das heute für ein brutaler Tag!« Dann wirst du abends höchstwahrscheinlich fix und fertig ins Bett fallen. Denn du wirst unbewusst den ganzen Tag lang die Gefühle erschaffen, die deiner morgendlichen Fokussetzung entsprechen: Druck, Stress und Angst. Auf die Dauer machst du dich damit emotional kaputt. Lerne, jeden Augenblick deines Lebens als Inspiration zu betrachten. Alles im Leben hat zwei Seiten. Das bedeutet, dass in allem Negativen auch etwas Positives steckt. Wenn du gelernt hast, auch im scheinbar Negativen solche Inspirationen zu erkennen, wenn du deinen Fokus auf das Schöne, das Einzigartige oder den Lerneffekt richtest, erkennst du, welche Chance jede Sekunde deines Lebens birgt. Der Mensch, mit dem du gerade sprichst, das Projekt, das du jetzt anpacken darfst, die Herausforderung, die dich erwartet. Wenn du deinen Fokus so steuern kannst, dass du aus allem etwas Positives ziehen kannst, verändert sich deine Gefühlswelt vollkommen und du lebst ein völlig anderes Leben.

Ich weiß, wovon ich rede. Denn ich lebe selbst so und lenke meine Gefühle mit meinem Fokus. Es geht jeden Morgen los, wenn ich aufstehe: Ich mache mir zwei, drei Minuten meine Stärken und Fähigkeiten bewusst. Dann führe ich mir vor Augen, was ich bis zum Abend machen, fühlen, erleben und genießen möchte. So erschaffe ich meinen Tag, bevor ich ihn aktiv beginne. Einfach nur, indem ich positive Emotionen aufbaue. Danach fokussiere ich mich darauf, wie sich mein Leben idealerweise in den nächsten Jahren entwickeln wird. Mit der Zeit habe ich gelernt: Das Leben ist einfach und leicht, macht jeden Tag Spaß und Freude und ist purer Genuss – wenn du dich darauf fokussierst. Abschließend gehe ich drei Minuten raus und sauge bewusst frische und saubere Luft in meinen Körper. Aaaaah. So stelle ich eine Verbindung mit meiner inneren Kraftquelle her und schaffe ein Gefühl von Gesundheit und Stärke.

So geht Fokus. Woran erkennst du unfokussierte Menschen? Sie verraten sich durch ihre Unverbindlichkeit. Die begleitet sie ihr ganzes Leben. Ich denke gerade an einen Trainerkollegen, der seit zwölf Jahren studiert und immer noch nicht weiß, was er mit sich anfangen soll. Eigentlich ein netter Typ, aber er hat null Lebensplanung. Zuverlässigkeit ist ein Fremdwort für ihn. Das merkst du schon, wenn du versuchst, ihn ans Telefon zu kriegen. Mal geht er ran, mal ruft er dich nach fünf Minuten zurück, mal nach drei Tagen und mal überhaupt nicht. Er lebt in den Tag hinein. Dieser Mann hat nie gelernt, sein Leben bewusst zu steuern.

Ein Kind, das noch nicht versaut ist, kann von einer halben Stunde Fernsehen eine ganze Woche lang erzählen.

Fokus entsteht automatisch aus der persönlichen Erkenntnis, dass du dein Leben jederzeit selbst in der Hand hast. Hast du das erst einmal erkannt, lautet die entscheidende Frage nur noch: Worauf will ich mich in meinem Leben fokussieren? Wenn du Glück hattest, wurde dein Fokusmuskel schon in deiner Jugend trainiert. Denke an Kinder, die leistungsbezogen Sport treiben oder ein Instrument spielen. Viele Eltern schütteln innerlich den Kopf, wenn ihr talentfreies Kind beim Spielen auf dem Bolzplatz davon träumt, der nächste Bastian Schweinsteiger zu werden. Ich sage immer: Lass ihn spielen! Lass ihn träumen! Eines Tages wird er selbst merken, dass seine Fähigkeiten woanders liegen. Dafür hat er durch sein tägliches Training unbezahlbar wertvolle Charaktereigenschaften fürs Leben gelernt: Disziplin, Konzentration, Einsatz.

Genauso wichtig ist aber, Kinder von klein auf vor defokussierenden Einflüssen zu schützen. Entscheidend ist der verantwortungsvolle Umgang mit Medien. Kinder dürfen nicht vor dem Fernseher geparkt werden. Eher sollte man gemeinsam eine kurze Sendung genießen, um sie anschließend im Gespräch aufzuarbeiten – und sich dann wieder mit wirklichen Dingen zu beschäftigen. Ein Kind, das noch nicht durch Dauerberieselung versaut ist, kann von einer halben Stunde Fernsehen eine ganze Woche lang erzählen, weil es ein unglaublich intensives emotionales Erlebnis hatte. Wer einmal mitbekommen hat, wie ein Kind, das Fernsehen nicht gewohnt ist, tagelang das Gesehene verarbeitet, immer wieder davon erzählt und es in Spiele und Geschichten einbaut, dem wird klar, was Fokus heißt. Dem wird auch klar, was für eine unglaubliche, unfassbare Flut von Informationen sich auf Kinder ergießt, die jeden Tag mehrere Stunden glotzen. Die können bei diesem hundertfachen Overload nichts anderes tun als abschalten, defokussieren und aggressiv werden – sonst drehen sie durch.

Die meisten Kinder wachsen mit einem guten Fokus auf, wenn die Eltern es nicht durch permanente Bespaßung verbocken. Ein Kind kann sich stundenlang mit ein paar Holzklötzchen selbst beschäftigen. Allerdings fragen sich überreizte Eltern dann häufig: Wie kann das Spaß machen? Ist mein Kind normal? In guter Absicht unterbinden sie das gedankenverlorene Spiel des Kindes oder lenken es ab. Sie können nicht verstehen, wie man so fest und stark auf eine Sache fokussiert sein kann, weil sie es selbst verlernt haben. Mit dem Ergebnis, dass das Kind von einem sogenannten Erlebnis in das nächste gescheucht wird. Mein Kind hier, mein Kind da. Mach dies. Mach das. Häufig habe ich den Eindruck, dass sich Eltern mit ihren Kindern nur selbst ablenken – von ihrer eigenen Langeweile, von ihrer eigenen Leere. Statt ihrem Kind beizubringen, sich zu fokussieren, die eigene Phantasie spielen zu lassen, wird vor Computer, Fernseher, Radio und Gameboy der nächste Medienzombie gezüchtet.

Alles machen – bloß nichts richtig.
Von der Wiege bis zur Bahre.

Großstädte begünstigen diese Entwicklung. Kaum trittst du aus der Wohnung, wirst du von Reizen überflutet. Nicht nur Lärm und Verkehr beanspruchen die Konzentration besonders von jungen Menschen. Die Flut von Eindrücken, Informationen, die Rhythmuswechsel, rastlose Aktivität und der gewaltige Werbedruck selbst auf dem letzten Zipfel Klopapier, das alles frisst Aufmerksamkeit und defokussiert die Menschen von Kindesbeinen an.

Stell dir den Schulweg eines Zwölfjährigen vor. Er kommt aus dem Hinterhof und geht zur Ampel. Als Erstes springt ihm der heißluftballongroße Hintern des Unterwäschemodels auf der Plakatwand gegenüber ins Auge. Als die Fußgängerampel auf Grün schaltet, wird er beinahe von einem Bürohengst im Passat angefahren, der zu spät dran ist, weil er bei Starbucks noch unbedingt einen Coffee-to-go holen musste. Natürlich wird der Junge zusammengehupt, einer muss ja schuld sein. Auf der Verkehrsinsel bleibt er stehen, weil ein Notarzt-Wagen vorbeirast. Vom Martinshorn wird er ordentlich durchgefönt. Das ist er gewöhnt, denn das Krankenhaus liegt um die Ecke und am Tag fahren die Sanitäter fünfzig bis sechzig Einsätze. Bei McDonald's holt er sich einen Muffin. Mama hatte keine Zeit, Frühstück zu machen, dafür aber fünf Euro hingelegt. Im Gameshop nebenan schaut er sich die Plakate an. In sechs Wochen kommt das neue »Resident Evil« – endkrasse Zombie-Action. An der Ecke wartet ein Kumpel aus der Parallelklasse, die beiden tauschen Handyvideos, während sie zur Schule schlendern. Weil ihre gesamte Aufmerksamkeit am Bildschirm klebt, laufen sie in einen Rentner rein und werden von ihm angepöbelt. Wenn die Jungs dann in der Schule angekommen sind, kreisen ihre Gedanken um ihr Leben in der virtuellen Realität: World of Warcraft, Call of Duty, Facebook. Und wenn sie nach sechs endlosen Stunden dann mittags an ihren Hausaufgaben sitzen, läuft nebenbei der Fernseher, die Stereoanlage und alle zwei Minuten kommt eine SMS. Alles machen – bloß nichts richtig. Früh übt sich. Im Erwachsenenalter geht es für viele so weiter. Von der Wiege bis zur Bahre.

Fokusmuskeltraining

Als ich dem Profi-Sport den Rücken kehrte, musste ich mich schlagartig umgewöhnen von einem Tagesablauf, der nur von Sport strukturiert war, hin zu regelmäßigen Büro- und Arbeitszeiten, die ein Unternehmer einfach braucht, um ein Geschäft erfolgreich aufbauen zu können. Anfangs fiel es mir sehr schwer, von acht bis achtzehn Uhr permanent am Schreibtisch zu sitzen. Alle zehn Minuten verlor ich meine Konzentration, ließ mich ablenken, sprang auf, lief herum. Holte mir einen Kaffee, aß einen Apfel. Machte das Fenster auf und wieder zu. Heute ist das für mich überhaupt kein Problem mehr. Alles eine Frage des Trainings. Dabei gibt es kein Geheimnis, es ist wirklich wie Krafttraining: ein einfacher, gerader Weg der regelmäßigen, kleinen Schritte. Charles Baudelaire hat das einmal sehr schön gesagt: »Eine Folge von kleinen Willensakten liefert ein bedeutendes Ergebnis.«

Ich habe mir zuerst ein kleines Ziel gesetzt, zum Beispiel mich fünf Minuten nur auf eine Sache zu konzentrieren. Dann fünfzehn Minuten. Damals ein riesiger Fortschritt für mich. Und immer so weiter. Bist du Maurer, konzentrier dich auf einen Stein. Bist du Vertriebsmanagerin, konzentriere dich auf das Excel-Sheet. Bist du Verkäufer, konzentriere dich auf den Kunden – auf seine Bedürfnisse, seine Mimik und Gestik. Entscheidende Botschaften sendet der Kunde häufig unbewusst über die Körpersprache, und die erkennst du nur, wenn du wirklich voll da bist. Bist du im Freien, konzentriere dich auf die Geräusche der Natur, die frische Luft, auf das Gezwitscher der Vögel. Schalte das blöde Handy doch einfach mal aus. Versenke dich in deine Gedanken, verbanne jede Ablenkung aus deinem Kopf. Der Fokusmuskel wächst.

Entscheidende Botschaften erkennst du nur, wenn du wirklich voll da bist.

Einmal, nach einem Vortrag, hatte ich ein besonderes Erlebnis. Ein interessierter Radioreporter vom Norddeutschen Rundfunk war gekommen, um meine Arbeit und Philosophie in seiner Sendung zu präsentieren. Nach der Veranstaltung kam er auf mich zu und gratulierte zum gelungenen Auftritt. »So viele tolle Impressionen!« Jetzt würde er gerne noch Interviewfragen stellen. Leider müssten wir uns kurz fassen, denn der Beitrag dürfe maximal fünfundsiebzig Sekunden lang sein.

Wie bitte? Fünfundsiebzig Sekunden? Das verblüffte mich. Seine Erklärung war einfach und bezeichnend: Untersuchungen haben ergeben, dass die Aufmerksamkeit der Zuhörer bei Radiobeiträgen nach spätestens fünfundsiebzig Sekunden abreiße. Dauerten Beiträge länger, würden Zuhörer schlagartig zu Nichtmehrzuhörern und wechselten den Sender. Der NDR verzeichne bei längeren Beiträgen eine überdurchschnittlich hohe Absprungrate. Die Reaktion des Programmchefs war: Kein Beitrag länger als fünfundsiebzig Sekunden. Egal, ob es um ein Halma-Turnier geht oder die internationale Marsmission. Ich erkannte sofort, dass ich es hier mit einem besonders absurden Beispiel einer Abwärtsspirale zu tun hatte. Unsere Medienwelt erzieht uns zu permanenter Defokussierung und nimmt unsere abnehmende Aufmerksamkeitsspanne dann als Argument dafür, uns noch mehr zu defokussieren.

In einer Jugend-Auswahlmannschaft habe ich mal einen Basketballer kennengelernt. Ich war siebzehn, er fünfzehn. Er war talentiert, aber ziemlich faul. Sein Name: Dirk Nowitzki. Wir waren gemeinsam auf einem Lehrgang, um uns auf ein großes internationales Turnier vorzubereiten. Ich musste nach dem letzten Training schnell nach Hause. Als unser notorisch nörgelnder Trainer, der in allem und jedem immer nur den Fehler und das Schlechte sah, mich in seinem Auto zum Bahnhof fuhr, sagte er voller Überzeugung zu mir: »Christian, dieser Dirk Nowitzki hat so viel Talent, der könnte mal Bundesliga spielen. Aber der faule Sack schafft das nie.« Ich saß auf dem

Beifahrersitz und schüttelte mich innerlich. Dirk war ein Riesentalent, hatte er mir doch eben im Training mal richtig meine Grenzen aufgezeigt. Ich wusste, er hat alles, um Profi zu werden. Und dennoch stach er damals in unserem Team nicht heraus. Intuitiv ahnte ich, was ihm fehlte. Heute kann ich es genau formulieren: Ihm fehlte der Fokus.

Jeder Mensch ist wichtig.
Man sieht sich immer zweimal im Leben.

Doch dann, mit 16, hat er seinen Mentor kennengelernt. Holger Geschwindner, der selber in den 1960er und 1970er Jahren Nationalspieler gewesen war. Bei den Olympischen Spielen 72 in München war er der Kapitän des Teams gewesen. In der Bundesliga hatte er über 600 Spiele gemacht. Diese Basketball-Legende sah Nowitzki durch Zufall, weil er der Würzburger Jugendmannschaft zuschaute. Die grandiose Körperbeherrschung des Jungen fiel ihm sofort auf. Zu seinen Eltern sagte er: »Wenn Dirk der beste deutsche Basketballer werden soll, kann er einfach so weitermachen. Ihn wird niemand aufhalten können. Wenn er aber einer der *weltbesten* Spieler werden möchte, müssen wir systematisch trainieren. Und zwar ab morgen.« – So hat Holger es jedenfalls später der Presse erzählt.

Was ich miterlebt habe: Ab diesem Moment hat sich Dirk auf das tägliche Spezial-Einzeltraining fokussiert, das Holger speziell für ihn entwickelt hatte. Dafür ist er täglich drei Stunden von Rattelsdorf nach Würzburg gefahren und wieder zurück, nur um mit Holger zu trainieren. Von Faulheit war plötzlich nicht mehr die leiseste Spur zu sehen. Erst als Dirk seinen Fokus entwickelt hat, ist seine spielerische Qualität in der Halle explodiert. Ich weiß nicht, was aus ihm geworden wäre, hätte er Holger nicht getroffen. Ich habe in meinen Trainerjahren etliche Spieler mit ebenfalls tollen Anlagen gecoacht, die dauerhaft weit unter ihren Möglichkeit blieben, weil sie sich nicht fokussieren konnten. Schlüsselsatz: *Talent ist wertlos, wenn der Fokus fehlt.*

Bis heute hatte ich das Glück, viele Menschen zu treffen, die mich gelehrt haben, was Fokus im Leben bewirken kann. Viel gelernt habe ich von meinen Vorbildern und Lehrmeistern. Einer davon ist Mike Krzyzewski, Headcoach der Basketball-Nationalmannschaft der Vereinigten Staaten und Cheftrainer an der Duke-Universität. Mike ist schon seit Jahren in der »Hall of Fame«, obwohl er noch aktiv coacht. In den USA wird er respektvoll »Coach K« genannt. Er ist seit 1976 im Geschäft und hat alles gewonnen, was es zu gewinnen gibt. Ich hatte das Privileg, zwei Sommer in Folge mit ihm an der Duke-Universität zusammenarbeiten zu dürfen. Jeden Abend fand während einer Basketball-Camp-Woche eine Autogrammstunde statt. Jeden Abend warteten Hunderte von Kindern, Jugendlichen und Erwachsenen darauf, eine Unterschrift von Coach K zu ergattern und einen Schnappschuss mit ihm zu machen. Wir standen zweieinhalb Stunden im Hochsommer in einer brütendheißen Halle, die Besucher-Schlange wand sich mehrfach bis hinaus auf den Parkplatz. Doch Coach K hat die Menschen nicht etwa einen nach dem anderen wie an einem Fließband mit einer schnellen Unterschrift abgespeist. Nein, er hat jedem Einzelnen die Hand gegeben, jedem in die Augen geschaut, jeden gefragt, wie er heißt, wo er herkommt und was ihm besonders gut an Duke gefällt. Er hat zu jedem Besucher, groß, klein, dick, dünn, jung und alt eine persönliche Beziehung aufgebaut. Und auf jeden Ball, jedes Buch, jedes Trikot oder jeden Fanartikel, der ihm ehrfürchtig entgegengestreckt wurde, nicht nur seine Unterschrift, sondern auch eine persönliche Widmung geschrieben. Ich dachte damals nur: Wow, was für eine Belastung muss der Ruhm für ihn sein. Doch Coach K hat jeden Abend die Autogrammstunde mit absoluter Hingabe durchexerziert, als hätte er hier 1500 alte Schulfreunde vor sich. Genau so fühlten sich die Menschen auch: als würden sie ihn schon seit Jahren kennen. Beim gemeinsamen Vier-Augen-Gespräch am nächsten Tag habe ich ihm dafür meine Bewunderung ausgedrückt. Ich bewunderte ihn, weil er das nicht runtergerissen hat wie die meisten Profis. Nicht nur ich, sondern jeder einzelne Besucher hatte gemerkt, dass es von Herzen kommt. Seine Antwort war schlicht: »Jeder Mensch ist wichtig. Jeder Fan ist wichtig. Man sieht sich immer zweimal im Leben.«

Ich hatte auch das Glück, einen Menschen zu treffen, der mir vorgelebt hat, wie Fokus auf das Gute in jeder Lebenslage hilft. Mein alter Freund und Mentor Dr. Ron Slaymaker ist jemand, der in allen Dingen stets das Gute sieht. Der es immer schafft, seinen Fokus auf das Positive zu lenken, auf eine bessere Zukunft, egal was kommt, egal welcher Schlag ihn trifft – seine einzige Frage lautet: »Was ist das Gute daran?«

Ich habe es selbst erlebt. Wir saßen bei einem Basketballcamp in Bamberg beim Mittagessen, als sein Telefon klingelte. Er sprach Englisch, der Anruf kam also aus seiner Heimat, den USA. Dass etwas nicht stimmte, merkte ich sofort, denn von einer Sekunde auf die andere war er bleich wie das Seelachsfilet auf seinem Teller. Dann legte er das Handy auf den Tisch, blickte ins Leere und schwieg. Dass es um Shirley, seine Frau zu Hause in den USA ging, hatte ich verstanden, aber ich wagte nicht, ihn anzusprechen. Es verging sicher eine Minute, dann sprach er ganz ruhig und gefasst. »Shirley hatte einen Herzinfarkt.«

Ich war geschockt. Er holte tief Luft und sagte: »Ihr Arzt sagt fifty-fifty. Aber ich weiß, sie wird es schaffen. Ihre Zeit ist noch nicht gekommen.«

Ich glaubte ihm sofort. Er ist dreiundsiebzig und hat viel kommen und gehen sehen im Leben. Seine Frau kennt er seit über fünfzig Jahren, und die beiden sind eine verschworene Gemeinschaft. Dann hielt er wieder inne. Und es dauerte eine weitere Minute, bis er erneut zu sprechen begann. Er war schon wieder ganz der Alte, dieser kleine dünne Mann mit den listigen Augen. Die Lebensenergie strahlte wie eh und je aus ihm, der Schock war gewichen. »Und außerdem«, sagte er, »kann ich sicher sein, dass sie jetzt endlich das Qualmen sein lässt. Das habe ich ihr dreißig Jahre lang nicht austreiben können!«

Dann stand er auf und ging, um sich in aller Ruhe ein Ticket für den Heimflug zu besorgen. Ich habe seitdem niemanden mehr getroffen, der angesichts einer wirklich schlimmen Nachricht solche Geistesgröße unter Beweis gestellt hat.

Slay war es auch, der mich in der Stunde meiner größten Niederlage wieder auf die Bahn gebracht hat. Es war nach meinem ersten Rausschmiss als Trainer. Ich habe dir bereits erzählt, wie tief das Loch war, in das ich damals gefallen bin. Meine Identität war zerstört, mein Fokus verloren. Slay wusste, dass ich dringend einen neuen brauchte, und er hat mir gezeigt, wie ich ihn finde. Er kam zu mir und fragte mich: »Was ist das Gute daran?«

Ich hab ihn wahrscheinlich angeschaut wie ein Bus, denn er wiederholte: »Was ist das Gute daran, dass du als Trainer rausgeflogen bist? Suche 50 Gründe. Das ist mein Ernst. Deine größten Rückschläge sind die Vorboten deiner größten Erfolge. Aber nur, wenn du die richtigen Lehren daraus ziehst. Deshalb setz dich jetzt hin und schreib auf, was gut daran ist, dass du als Trainer gefeuert worden bist!«

Ich habe mich hingesetzt.

4. Kapitel – Glaube

Warum Selbstvertrauen Flügel verleiht

»Christian, du hast einen übelst entzündeten großen Zeh. Die Blasen an beiden Fersen sehen mittlerweile richtig böse aus. Da ist ja schon die dritte Hautschicht weg«, sagt Ole, der Teamarzt, als ich am Abend der vierten Etappe des Transalpine Run in dem Zelt mit dem roten Kreuz sitze.
Als er die Pflaster abnimmt, wird mir vor lauter Schmerzen kurz schwarz vor Augen. »Sieht nicht gut aus«, sagt er. Einige Sekunden Stille. Dann schaut Ole mich an und meint leise: »Als verantwortlicher Arzt muss ich dich eigentlich aus dem Rennen nehmen …«
»STOP, Ole!«, unterbreche ich ihn. Ich schaue ihn böse an. »Ich will von dir nicht wissen, OB ich weiterlaufen kann! Das kann ich alleine entscheiden. Ich will von dir wissen, WIE ich morgen weiterlaufen kann! Mach du deine Arbeit … und ich mache den Rest.«
Mit offenem Mund starrt Ole mich sekundenlang zweifelnd an, dann beginnt er zu lächeln. »Dickkopf!«, antwortet er und schüttelt den Kopf. »Du bist echt 'ne harte Sau!« Und macht sich an die Arbeit.

Wer sich selbst vertrauen kann

Was ist der Unterschied zwischen Selbstvertrauen, Selbstbewusstsein und Selbstsicherheit? Und warum sind sie so wichtig?

Was du zum Erreichen deiner Ziele unbedingt brauchst, ist Selbstvertrauen. Dein Vertrauen in dich selbst. In deine Fähigkeiten. In dein Können. In dein Handeln und Tun. Der unbedingte Glaube an dich selbst. Ein anderes Wort dafür ist: Selbstwertgefühl. Das bestärkende Gefühl, etwas wert zu sein. Einen großen Wert zu haben. Tief in seinem Inneren weiß jeder Mensch, dass er fast alles im Leben machen, tun, erleben, lernen und entwickeln kann. Doch den meisten fehlt dafür das Selbstvertrauen. Das entsteht nämlich nur durch konkrete Taten. Durch nichts überzeugst du deinen Verstand und dein Herz schneller, als wenn du sichtbare Ergebnisse vorweisen kannst. Den Fünf-Kilometer-Lauf geschafft – zum ersten Mal im Leben! Den ersten großen Kunden gewonnen! Die erste freie Rede gehalten! Wieder mal erfolgreich ein Projekt in leitender Position vollendet! Ein schwieriges Personalgespräch inhaltlich und sachlich gut geführt! Eine schwere Lebenskrise überwunden! Eine schwierige Herausforderung gemeistert – trotz aller Widrigkeiten! Das sind Ergebnisse fürs Selbstvertrauen! Klopf dir auf die Schulter und bemerke, wie dein Selbstvertrauen wächst. Schritt für Schritt. Gleichzeitig denke: Wenn ich das schaffe, dann schaffe ich doch bestimmt auch … Bald nimmst du die nächste Stufe. Selbstvertrauen ist eine emotionale Angelegenheit. Ein starkes Gefühl. Eine Herzenssache!

Selbstvertrauen und Selbstbewusstsein kann ein Mensch vortäuschen. Selbstsicherheit nicht!

Dein Selbstbewusstsein ist die nächste Stufe. Es ist deine innere Einstellung zu dir selbst. Dein Wissen über alle deine Stärken und Schwächen. Ein selbstbewusster Mensch weiß, was er kann. Und was er noch üben muss. Was er besser delegiert. Denn er kennt sich. Er hat die eigenen Schwächen angenommen und richtet sein Leben nach den eigenen Stärken aus. Das Leben managt er so, dass die Schwächen den Stärken nicht im Weg stehen. Statt Selbstbewusstsein könntest du auch Selbstwissen sagen. Oder Selbstkenntnis. Selbstbewusstsein ist Kopfsache. Die Fähigkeit, sich mit sich selbst bewusst zu beschäftigen. Sich selbst zu analysieren. Sich selbst kennenzulernen. Auf allen Ebenen.

Je stärker dein Selbstvertrauen und dein Selbstbewusstsein sind, umso größer ist deine Selbstsicherheit: das, was du nach außen ausstrahlst. Deine Selbstsicherheit macht dich als Mensch in der Welt sichtbar. Sie bestimmt deine Wirkung. Deine Ausstrahlung. Deinen Einfluss. Dein Charisma. Deine Persönlichkeit. Selbstvertrauen und Selbstbewusstsein kann ein Mensch vortäuschen. Selbstsicherheit nicht! Du erkennst sie. Zumindest unbewusst. Wie ein Mensch steht. Sein Blick. Seine Mimik. Seine Körpersprache. Seine Wortwahl. Sein Tonfall. Sein Sprechtempo. Sichtbar in jeder Körperphase. Im Idealfall hast du in allen Lebensbereichen eine hohe Selbstsicherheit. Das ist ein Lebensziel.

Diese drei Charaktereigenschaften wirken von innen nach außen: Dein Selbstvertrauen und dein Selbstbewusstsein bestimmen deine Innenwelt, deine Selbstsicherheit wirkt in die Außenwelt.

Der Glaube an dich selbst kommt allein aus dir selbst. Woher sonst? Von anderen? Nur dein eigenes Urteil zählt. Aber andere Menschen mit großem Selbstvertrauen können dir helfen. Indem sie etwas in dir sehen. Und es dir kommunizieren. Das in dich gesetzte Vertrauen wird dein Selbstbild beeinflussen, ob du willst oder nicht. Aber du kannst dir auch ganz bewusst ihre Strategien anschauen. Wie kommen sie zu ihrem Selbstvertrauen? Du kannst diese Strategien nachahmen, von ihnen lernen. Was nicht funktioniert: Der Glaube an dich und deine Fähigkeiten kommt dir nicht einfach zugeflogen, wenn du dich hinlegst und wartest. Nimm dir einen Tag Urlaub und probiere es aus. Falls es bei dir klappt, ruf mich bitte sofort an.

Was also tun? Ich glaube, du musst handeln.

Ich habe zwei Aufgaben für dich. Zuerst stell dir dein Selbstvertrauen wie ein Bäumchen vor. Das Saatkorn war schon in dir, als du geboren wurdest. Und nun lass es wachsen. Stück für Stück. Einfach indem du dir selbst bewusst machst, was du gut kannst. »Ich kann gut singen«, »Ich arbeite absolut diszipliniert und zuverlässig«, »Integrität ist meine wichtigste Charaktereigenschaft« oder »Ich kann gut mit Menschen umgehen«.

Das ist die positive Bestärkung, die du als Mensch brauchst. Stelle dir Situationen vor, in denen dir etwas gut gelungen ist, in denen du etwas Außerordentliches geleistet hast. So entstehen gute Gefühle, so entsteht Selbstvertrauen, und dein kleines Bäumchen wird zu einem großen starken Baum heranwachsen.

Oder schau in den Spiegel und setz dich mit dem Menschen auseinander, den du darin siehst. Sage dir, was du gut kannst, was du gut machst, und sage es dir so lange, bis du mit jeder Faser deines Körpers davon überzeugt bist. Schlüsselsatz: *Die Person, die dich im Spiegel anschaut, ist der wichtigste Mensch in deinem Leben.*

Stelle dir alle Situationen vor, die dir bestätigen, was du schon geschafft hast, weil du etwas kannst, weil du gut in etwas bist. Für persönlichen Erfolg, Glück und Erfüllung ist nichts sinnvoller, als deinen Glauben an dich in Bilder zu verwandeln. Aus diesen Bildern kannst du ganze Filme zusammensetzen, die du täglich immer und überall vor deinem geistigen Auge abspulen und wiedererleben kannst. Ich nenne es: meinen Selbstvertrauensfilm. Ich schaue mir den Film jeden Tag in meinem inneren Kino an. Er enthält mindestens zwanzig Erfolgsmomente meines Lebens. Aneinandergereiht. Dieser Film ist geiler als jeder Hollywoodstreifen! Du bekommst nie genug davon. Vorsicht: Suchtgefahr!

Narzisstische Selbstbespiegelung? Na klar! Warum auch nicht? Hast du ein Problem damit? Du darfst nicht vergessen: Hier geht es darum, die Grundlagen für dein Handeln zu legen. Wer sich nicht einmal selbst seine Fähigkeiten, seine Stärken eingestehen mag, der wird vor anderen kaum überzeugend agieren können. Doch genau darum geht es. Dein Selbstvertrauen, dein Selbstbewusstsein sind deine legalen Aufputschmittel, dein persönliches Doping, das dich zu Höchstleistungen treibt.

Die zweite Aufgabe ist wie Ostereier suchen. Denn du musst lernen, deine täglichen Erfolge im Alltag wahrzunehmen, in der Gegenwart. Jeden Tag. Du glaubst im Moment vielleicht noch, da wären keine oder nicht so viele. Du wirst Augen machen. Denn du hast nur verlernt, sie zu sehen. Oder du setzt die Messlatte zu hoch. Du musst nicht zum Bundeskanzler ernannt werden, um erfolgreich zu sein. Für mich reicht es, morgens gesund und gutgelaunt aus dem Bett zu kommen. Das Essen genießen zu können. Einen neuen Menschen kennenzulernen. Sehen, reden, schmecken und riechen zu können. Stell dir einfach vor, jeder Tag hat neunundneunzig kleine Erfolge für dich in seinen Taschen. Und du hast deine Röntgenbrille aufgesetzt, um sie zu suchen. Hast du sie gefunden, zeige darauf. Und schon werden sie dir geschenkt. Wenn das für den Anfang zu viel ist, fange klein an. Als ich das zum ersten Mal geübt habe, habe ich mir jeden Morgen zehn Papierschnitzel in die rechte Hosentasche gesteckt. Immer, wenn ich einen Erfolg im Alltag hatte, habe ich einen Schnitzel weggeworfen. Aufgabe: am Abend muss die rechte Hosentasche leer sein. Freundliches Telefonat geführt? Schnitzel weg! Meiner Frau gesagt, wie sehr ich sie liebe? Schnitzel weg! Zehn Liegestütze gemacht? Schnitzel weg. Nach ein paar Wochen waren meine zehn Papierschnitzel schon vor dem Mittagessen weg! Ich lerne schnell. Dann habe ich die neunundneunzig Erfolge gesucht. Auch das klappt ganz einfach. Es ist nur eine Frage deines Blickwinkels. Schule dein Auge. Und sei nicht zu hart zu dir. Du bist ein Mensch, nicht Superman!

Beobachte Kinder, wie sie sich über jede Kleinigkeit, die sie geschafft haben, freuen, wie stolz sie darauf sind. Ball gefangen? Ich bin toll! Ball geworfen? Super! So baut sich aus winzigsten Anfängen ein großes Selbstvertrauen auf. Das kann jeder, man muss nur anfangen, die kleinen Erfolge als solche wahrzunehmen, und sich darüber ganz unbescheiden freuen. Kundengespräch mit Abschluss? Hey, das habe ich sehr gut gemacht! Zahlendreher in der Kontonummer gefunden? Wow! Ich bin gut!

Dein Selbstvertrauen beeinflusst, wie du dich fühlst. Schlüsselsatz: *Mach es dir täglich so einfach wie möglich, dich gut zu fühlen.* Verstehst du nicht, was ich meine? Ich gebe dir ein Beispiel! Ein vierzigjähriger Mann ist erfolgreicher Unternehmer, besitzt drei Millionen Euro Privatvermögen, eigenes Haus, zwei Autos, kerngesund, wunderschöne Frau, zwei tolle Kinder. Doch er fühlt sich schlecht. Weil er ein paar Kilo zu schwer ist, weil seine Kinder ihm nicht täglich sagen, dass er der tollste Vater der Welt ist – sondern nur einmal die Woche. Weil auf seinem Konto noch zwei Millionen Euro fehlen, bis er die angepeilten fünf hat.

Wie bitte? Dieser Mann wird sich nie gut fühlen, weil er viel zu hart zu sich selbst ist. Seine eigenen Ziele stehen ihm im Weg.

Ein anderer 40-jähriger Mann ist arbeitslos, hat kaum Geld, lebt in einer kleinen Wohnung am Existenzminimum, ist in keiner festen Beziehung und strahlt trotzdem übers ganze Gesicht! Ich frage ihn: »Bist du erfolgreich?«

Er sagt voller Überzeugung: »Ja!«

»Warum?«

»Weil ich heute Morgen gesund aufgewacht bin und einen neuen Tag genießen darf!«

Siehst du den Unterschied? Der eine wird sich nie einfach gut fühlen, der andere braucht bloß aufzuwachen.

Es sind viele kleine Erfolge, die das Selbstvertrauen aufbauen. Nicht die wenigen dicken Riesenerfolge. Um eine große Sache anzugehen, muss das Selbstvertrauen auch schon sehr groß sein. Sonst wird es gefährlich. Wer sich ohne das notwendige Selbstvertrauen an große Herausforderungen heranwagt, leidet schlicht an Selbstüberschätzung.

Nicht ohne meine Angst

Ein Freund und ich wollten vor ein paar Jahren mit dem Fahrrad den berühmten Highway No. 1 aus dem Norden Kaliforniens runter nach L. A. fahren. Tausend Kilometer nur Pazifikküste. Wir hatten beschlossen, das zusammen zu machen. Weil ich immer die Ärmel hochkrempele, wenn mich etwas begeistert, hatte ich nach zwei Tagen schon das Wichtigste geplant. Als ich alles mit ihm durchgehen wollte, druckste er nur rum und meinte irgendwann: »Christian, ich bin raus. Das ist mir zu gefährlich. Wenn da was passiert!«

Was sollte ich sagen? Er hat die Sache tatsächlich sausen lassen.

Ich bin gefahren. Die Tour ist definitiv unter den Top 10 der Erlebnisse, die ich noch mal im Schnelldurchlauf sehen will, bevor ich sterbe. Es war gigantisch! Eine unvergessliche Erfahrung fürs Leben. Und er? Hat das alles verpasst. Warum? Weil ihm der Mut gefehlt hat, seine Angst mit auf den Weg in ein Abenteuer zu nehmen. Die Furcht vor einer imaginären Gefahr, vor einer Illusion, vor Gespenstern, war stärker. Er hatte die absurdesten Ängste. Zum Beispiel überfallen zu werden.

Ok, ich bin ehrlich: Ich bin tatsächlich überfallen worden!

Ganz übel sogar! Das kam so: Zwischen San Francisco und Los Angeles gibt es einen Abschnitt von ca. 100 Meilen, auf dem du weit und breit kein Dorf findest. Da ich auf diesem Abschnitt auch noch drei Naturparks besuchen wollte, war es unmöglich, diese Strecke an einem Tag zu fahren. Als die Dunkelheit hereinbrach, musste ich notgedrungen im Freien übernachten. Ich suchte mir eine nette Stelle auf einem einsam gelegenen Campingplatz, machte mir ein wunderschönes Feuer, aß noch eine Kleinigkeit und legte mich schlafen.

Mitten in der tiefsten Nacht werde ich durch ein lautes Rascheln aus dem Tiefschlaf gerissen. Ich fahre hoch. Es ist so stockdunkel, dass ich meine Hand vor Augen nicht sehen kann. Mein Herz springt mir fast aus dem Hals. Da! Wieder das Rascheln. Gleich neben mir. Rechts von mir. Nein, links von mir. Und hinter mir … und vor mir. Was ist das?

Vollkommen panisch springe ich auf und schreie. Das Rascheln verschwindet in alle Richtungen. Ich atme tief durch. Doch Sekunden später kommt es wieder. Von rechts … und links … hinten und vorne. Ich schreie wieder, will Licht – und habe noch nicht einmal eine Taschenlampe. Ich Idiot.

**Entscheidend ist,
wie du mit der Angst umgehst.**

Das Rascheln verschwindet wieder. Wenig später kommt es wieder von allen Seiten. Ich bin umzingelt! Ich reiße den Vorderreifen meines Tourenrades hoch, schmeiße den Dynamo an. Drehe das Vorderrad, damit meine Radlampe mir etwas Licht schenkt. Aus dem Lichtkegel stechen zwei helle Augen. Und sind sofort wieder weg. Rad still. Licht aus. Das Rascheln kommt wieder auf mich zu. Von vorne. Und von hinten. So geht das ein paar Minuten hin und her. Ich habe keine Chance und kapituliere.

Panisch packe ich meine wenigen Sachen in die Fahrradtaschen und fliehe. Ein Blick auf meine Uhr im Fahrradlicht zeigt: 3:15 Uhr. Mein Gott. Was soll ich tun? Auf dem Highway weiterfahren? Viel zu gefährlich! Rechts neben der Straße beginnt die Steilküste, geht es teilweise bis zu 100 Meter runter zum Pazifik. Wenn ein fetter Ami-LKW mich tief in der Nacht nicht wahrnimmt, war's das. Ich fahr in das Zentrum des Campingplatzes, vollkommen durchgefroren, mit zitternden Beinen. Stelle mich an einen Baum. Hinsetzen traue ich mich nicht mehr. Halb schlafend, halb wach verharre ich eine gefühlte Ewigkeit an dem Baum, bis das erste Tageslicht hereinbricht. Sofort stürze ich mich auf mein Rad, um den Ort des Schreckens zu verlassen.

Als ich den Campingplatz verlasse, fällt mir ein riesiges Warnschild auf: »Watch the racoons!« – Vorsicht vor den Waschbären. Ich halte an und schaue in meine Satteltaschen. Das Essen ist weg! Alles! Ich bin überfallen worden! Von Waschbären. Sie haben mir meinen gesamten Proviant geklaut.

Wir glauben immer, wir müssten unsere Angst bekämpfen. Als wäre sie ein Makel. Eine Schwachstelle. Eine Delle in unserer Persönlichkeit. Also wollen wir sie ein Leben lang loswerden. Doch Ängste wirst du niemals los. Vergiss es! Akzeptiere vielmehr, dass du Ängste hast. Entscheidend ist, wie du mit deinen Ängsten umgehst.

Angst ist etwas Wunderbares. Sie ist dein Partner, seit Jahrtausenden ein uralter Teil von uns. Sie hat eine Funktion. Gäbe es keine Angst, gäbe es keinen Menschen. Wir wären von Mammuts, Säbelzahntigern, Pumas und Bären zertrampelt und zerfleischt worden, wären in Erdspalten gestürzt, von Geysiren gekocht worden und ausgestorben, ehe der Erste unserer Art einen glimmenden Ast hätte in die Hand nehmen können. Angst ist ein Warnsignal, sie mahnt uns, im richtigen Moment vorsichtig zu sein. Das stört manchmal. Aber sie gehört zum Leben.

Heute haben wir kaum mehr natürliche Feinde. Unsere

Angst muss uns nicht mehr vor lebensgefährlichen Situationen schützen. Bis auf wenige Ausnahmen. Dafür hat sie heute eine viel bessere Funktion: Sie zeigt dir nämlich häufig die Bereiche, in denen du die schnellsten Fortschritte erzielen kannst. Schlüsselsatz: *Dort, wo deine größten Ängste sitzen, steckt dein größtes Entwicklungspotential.*

Nimm als Beispiel einen Menschen, der große Angst davor hat, fremde Menschen anzusprechen. Darunter leidet sein Selbstvertrauen. Er wünscht sich innerlich nichts sehnlicher, als in jeder Situation ein souveränes Auftreten an den Tag legen zu können. Was muss diese Person wohl dafür tun? Antwort: seine Angst überwinden und auf fremde Menschen zugehen. Je öfter er es macht, umso besser wird er. Je besser er wird, umso souveräner wird er. Umso größer wird sein Selbstvertrauen. Dann folgt sein Selbstbewusstsein. Und schließlich seine Selbstsicherheit.

Das Beste ist: Je öfter du dich deiner Angst stellst, umso kleiner wird sie. Angst hast du nur aus mangelndem Wissen oder fehlender Erfahrung. Manchmal ist sie kaum mehr als ein irreales Hirngespinst, das nur in deinem Kopf existiert, weil der eine Situation beurteilen muss, die er noch nicht kennt. Deinem Hirn fehlt die Erfahrung. Es antwortet mit Angst. Schlüsselsatz: *Manchmal zeigen dir deine Ängste, was du nicht tun solltest, meistens zeigen dir deine Ängste in deinem Leben jedoch genau das, WAS du tun solltest.* Der erfolgreiche Mensch lernt, mit seiner Angst zu leben – und nutzt sie für seine persönliche Entwicklung.

Schlüsselsatz: *Bevor du deine großen Lebensziele festlegst, definiere zuerst deine größten Ängste und erobere sie.* Warum? Weil dir diese Ängste sonst an einem gewissen Punkt deines Lebens im Weg stehen. Eine Bekannte hatte mir vor fünf Jahren ihren großen Lebenstraum erzählt: im Network Marketing richtig erfolgreich und reich zu werden. Meine ehrliche Meinung: Die Frau ist richtig gut. Offen, charismatisch, kann mit Menschen umgehen, lebt für ihre Produkte. Eigentlich eine geborene Networkerin. Ihr Lebensziel hat sie bis heute jedoch nicht annähernd erreicht. Warum? Sie hat es bis heute nicht geschafft, ihre Stärken zu multiplizieren. Ein Team um sich herum aufzubauen, das von ihr geführt wird und die Produkte ebenfalls verkauft. Vor kurzem erklärte sie mir, warum: Bevor ich etwas delegiere, mache ich es lieber selbst. Denn keiner in meinem Umfeld kann Aufgaben so gut und verlässlich erledigen wie ich. Das Problem ist sofort zu erkennen: Ihre persönliche Angst ist, die Kontrolle zu verlieren, anderen Menschen vertrauen zu müssen. Deshalb kann sie nicht delegieren. Und nicht führen. Solange sie das nicht lernt, wird sie ihren großen Lebenstraum nicht verwirklichen können.

Wenn wir vor etwas Angst haben, dann malen wir uns gerne das schlimmstmögliche Szenario aus. In der Arbeit läuft etwas nicht – ich könnte entlassen werden. Ich sage einem Menschen meine Meinung – er redet für den Rest meines Lebens kein Wort mehr mit mir. Das Geld wird knapp – ich kann meine Familie nicht mehr ernähren.

Zusätzlich haben die meisten Menschen die Kunst perfektioniert, sich ganze Worst-case-Gedankenketten aufzubauen. Und die sind richtig tückisch. Ein Beispiel: Die Wirtschaftskrise ist da. Oh mein Gott, was, wenn die Firmenumsätze einbrechen? Ich könnte entlassen werden. Ich finde keinen neuen Job mehr. Bin zu alt. Damit kann ich meine Familie nicht mehr ernähren. Ich kann meinen Kindern die Pferde nicht mehr zahlen. Dann mögen sie mich nicht mehr. Wir bekommen eine Familienkrise. Meine Frau verlässt mich, weil sie sich bei mir nicht mehr sicher fühlt. Somit bin ich ein totaler Versager, der von allen geächtet wird und nur noch Mitleid erntet. Und so weiter … Das Ergebnis sind lauter unsinnige Horrorstorys, die deinen Tatendrang lähmen und dich paralysieren. Dann wird's gefährlich. Denn du musst ins Handeln kommen. Nur so überwindest du deine Angst.

Frag dich doch nur mal, wie oft du dir solche Worst-case-Szenarien in deinem Leben schon vorgestellt hast. Häufig. Und wie oft sind sie eingetreten? Wahrscheinlich noch nie! Jedes Mal, wenn dich ein solches Szenario zu lähmen droht, baue als Gegenpol sofort ein Best-case-Szenario auf. Wie geht die Situation im Idealfall aus? Wie will ich, dass sie ausgeht?

Misserfolg im Job – ich lerne daraus, optimiere meine Arbeitsweise. Mein Chef bemerkt das, erkennt meine Führungsqualität und schenkt mir mehr Vertrauen. Ich sage einem Menschen meine Meinung – ich mache das so liebevoll, dass er sich ein paar Wochen später dafür bedanken wird. Weil ich ihm eine Schwäche aufgezeigt habe, die er selbst nicht erkannt hat. Die Wirtschaftskrise ist da – wenn wir konstant x, y und z anders machen, werden wir als großer Gewinner aus dieser Krise herausgehen und die Konkurrenz weit abgehängt haben.

Best-case-Szenarien geben dir Mut, Energie und Antrieb. Genau das brauchst du, um dich der Angst zu stellen, sie an die Hand zu nehmen und in Mut zu verwandeln. Du hast Angst vor etwas? Mach es trotzdem! Die Angst zeigt dir nur deine nächste Entwicklungsstufe! Schlüsselsatz: *Zwischen Angst und Selbstvertrauen liegt häufig nur ein einziger, sehr kleiner Schritt.*

Warum Schafe keine fernen Sterne besuchen

Eigentlich werden Menschen serienmäßig mit eingebauter Düngung für ihr Selbstvertrauens-Bäumchen ausgeliefert. Wir kommen mit der ständigen, bedingungslosen Selbstliebe zur Welt und mit dem festen Glauben: »Ich bin ein einzigartiges, wunderbares, grenzenloses Wesen.« Kinder wissen dies unbewusst – und gehen auf jeden und alles offen, freundlich und ohne Angst zu.

Ab sofort bist du ein eingestelltes Bildungsprojekt.

Leider treibt ihnen das Gesellschaftsspiel diese wundervolle Fähigkeit systematisch aus. Das geht in einer Gesellschaft, in der der Fokus des weit überwiegenden Teiles der Menschen auf Schwäche, Scheitern und Grenzen liegt, bestürzend einfach und funktioniert genauso wie die Stärkung des Selbstbewusstseins nach dem Prinzip der kleinen Schritte. Nur andersrum.

Von Kleinkind-Alter an wirst du gedrillt, um eines Tages im Gesellschaftsspiel zu funktionieren. Bist du in einem Elternhaus aufgewachsen, das dich voller Bestärkung und positiver Energie aufgezogen hat, findet die erste Berührung mit dem Gesellschaftsspiel im Kindergarten statt. Hier wirst du schon mal vorgegart, damit sie dich in der Schule richtig weichkochen können. Denn mit dem Gong deines ersten Schultages wirst du nur noch nach deinen Fehlern beurteilt. Diktat, zwölf Fehler, Note vier bis fünf. Hausaufgaben nicht gemacht, sechs, setzen. Und du lernst schnell, dich auf das Schlechte zu fokussieren. Performst du nicht, ist's Essig mit dem Gymnasium. Mama weint und Papa zieht die Stirn in Falten. Heutzutage muss ja die Hälfte der Kinder ins Gymnasium, die neue Volksschule. Das sind die Normalen. Alle anderen gehen in die Schulen für Ausschussware: Real-, Haupt-, Sonderschule. Das ist die schlechte Hälfte, die Kinder unter Normalnull. Ab sofort bist du ein Kind zweiter oder dritter oder vierter Klasse, ein eingestelltes Bildungsprojekt. Heft zu, Stempel drauf: »Wird nicht weiterverfolgt.«

Jeder weiß ja, dass man von den meisten Jobmöglichkeiten und Ausbildungen ausgeschlossen bleibt – vom Studium ganz zu schweigen –, wenn man nicht zu den Normalen gehört. Man wird also offensichtlich nicht gebraucht. Die Bildungsschwachen sind die schwer Vermittelbaren, die Jobsuchenden, die Bewerbungsschreiber, die trotz Fachkräftemangel keinen Job finden. Wer in der Gesellschaft nicht gebraucht wird – und das läuft bei uns ganz unter ökonomischen Gesichtspunkten – oder wer sich für etwas anderes entscheidet als für das, was das Gesellschaftsspiel für ihn vorsieht, der ist ganz offensichtlich nichts wert. Das musst du erst mal wegstecken!

In Wirklichkeit ist dieses Schema der letzte Dreck. Die Schule kann dir nämlich nur eins vermitteln: die Wissensintelligenz. Doch was ist die wirklich wert? In meinem Abi-Jahrgang war eine Mitschülerin. Notendurchschnitt: 1,0! Sozialkompetenz? Fehlanzeige. Konnte einem nicht eine Sekunde in die Augen schauen. Geschweige denn ein Gespräch mit dir führen.

Das Leben baut auf einer viel wichtigeren Intelligenz auf: der Erfolgsintelligenz. Die lernst du nicht in der Schule. Über sie reden wir in diesem Buch: Sie hat mit Selbstvertrauen zu tun, mit einem klaren Ziel und Willenskraft. Mein Freund Hermann Oberschneider, ich habe dir von ihm schon erzählt, ist ein gutes Beispiel für Erfolgsintelligenz. Hauptschulabschluss: 3,0. Heute ist er einer der besten Unternehmer weltweit.

Ein Freund hat vor Jahren sein Studium geschmissen. Er hatte einen anderen Plan. Sein Vater schrieb ihm einen Brief, er solle sich endlich entscheiden, was er werden wolle. Seine Antwort war einfach. *»Ich muss niemand werden. Ich bin schon jemand.«* Danach war erst mal eine Weile Funkstille zwischen den beiden. Denn er hatte das Weltbild seines Vaters zerstört. Gesellschaftsspiel-Regel: Du musst etwas werden, um jemand zu sein. Blödsinn! Die Antwort meines Freundes ist ein Schlüsselsatz.

Was die Mehrheit macht, kann nie das Beste für dich sein. Denn die Herde wird immer von den Regeln des Gesellschaftsspiels gesteuert. Als Schaf wirst du von Hirten und Hunden auf die Weide getrieben. Deinen Platz auf der Weide darfst du dir natürlich selbst aussuchen, es gibt Tipps: »Studier Umwelttechnik, die Branche wächst.« Oder: »Mach auf Social Media, das ist das nächste große Ding!« Du folgst den Ratschlägen. Legst los. Dafür gibt's Lob von den Hirten und keine Bisse von den Hunden! Gut machst du das! Du willst mehr Lob. Denn das brauchen wir schließlich alle. Strengst dich noch mehr an. Mehr Lob gibt's aber nur bei neuen oder besseren Leistungen. Alles andere ist jetzt ja Standard. Also bringst du sie. Da, der Hirte lobt wieder. Er ist verkleidet als Professor, Chef, Kollege oder Freund. Bestärkt dich. Wenn du nachlässt, kläffen die Hunde. Du gibst noch mehr Gas ... und wirst immer mehr Teil des Gesellschaftsspiels.

Leistung ist ok. Ich bin auch ein Leistungsmensch. Ich bin überzeugt davon, dass du dauerhafte innere Zufriedenheit nur fühlst, wenn du abends mit der Gewissheit ins Bett gehst, dein Bestes gegeben zu haben. Die entscheidende Frage aber ist: Ist das, was du tust, wirklich das, was DU tun willst? Bevor du voll durchstartest, beantworte zuerst: Was will ich wirklich?

Ich weiß heute, wie wichtig es ist, die Herde zu meiden. Interessant ist auch, wie sie versucht, dich zu halten, wenn sie deinen Willen spürt, auszubrechen. Denn unerträglicher als die Gefangenschaft ist nur der Anblick eines freien Menschen. Wenn du etwas bewegen willst, bist du alleine und brauchst einhundert Prozent Eigenverantwortung, Eigeninitiative und Selbstvertrauen. Erst wenn du Erfolg hast, kommen alle Schafe wieder und wollen dich in ihrer Herde haben.

Stell dir das vor wie eine Reise zu einem Stern, der Lichtjahre entfernt scheint. Mit einer konventionellen Rakete kämst du nicht in einer Million Jahre hin. Du brauchst einen besonderen Antrieb. Fliege mit Warp-Technologie, krümme den Raum, bis dein Stern direkt vor dir liegt, und die Reise schrumpft zu einen kleinen Schritt.

Auch mein Ziel, Redner zu werden, lag Lichtjahre entfernt. Ich hatte nicht die leiseste Ahnung, wie man Redner wird, und, was fast noch viel schlimmer ist, niemanden, der mir da irgendwie hätte weiterhelfen können. Mein Umfeld, das waren Sportler und Schafe. Alles, was diese Leute wussten, war, warum ich kein Redner werden kann.

Ob du zweifelst oder glaubst, musst du selbst entscheiden.

Wer mich ein wenig besser kennt, weiß, dass ich mache, was ich mir in den Kopf gesetzt habe. Aber oft reicht es zum Scheitern ja schon, keine Unterstützung zu haben. Ich habe die Entscheidung, mich zu verändern, einfach getroffen und anschließend dafür gesorgt, dass sie richtig wird. Als Erstes bin ich eine Zeitlang zu Fachveranstaltungen und Kongressen gegangen, überall dorthin, wo sich Redner treffen. Dann habe ich mir einen Mentor gesucht, der bereits da stand, wo ich hinwollte. Er hat mich gefördert und mir erklärt, wie ich auch dorthin gelange. Drittens habe ich mich vollgesaugt wie ein Schwamm mit jeder noch so kleinen Information zum Thema. So habe ich im Handeln meinen Glauben bestätigt, dass ich mich in diese Richtung entwickeln kann und entwickeln werde. Ich habe mein komplettes Umfeld geändert, beruflich wie privat. Mein Glaube war mein Warp-Antrieb. Mit ihm habe ich den Raum gekrümmt, bis mein Stern direkt vor mir lag. Und als die Zeit reif war, bin ich einfach rübergehopst.

Ob du's glaubst oder nicht, ich habe dabei keine Sekunde gezweifelt. Sondern immer nur auf meinen Stern geschaut. Zweifel sind das Gegenteil von Glauben. *Ob du zweifelst oder glaubst, musst du selbst entscheiden.* Schlüsselsatz!

Wichtig ist nur, zu verstehen, dass du es in der Hand hast. Zweifel wie Glaube sind beweglich, du kannst sie jederzeit beeinflussen. Viele Menschen verstehen das nicht, sie glauben ihren Lebtag die gleichen, meist zufällig zusammengeklaubten Dinge. Sie wissen nicht, dass sie ihren Glauben täglich trainieren und verändern können. Wer lernt, seinen Glauben zu lenken, der sitzt am Steuer seines Lebens. Und solange Schafe das nicht verstehen wollen, werden sie niemals ins All fliegen.

Erst treffen, dann werfen

Nimm zum Beispiel Andy Brehme beim Elfmeter im Finale der Weltmeisterschaft 1990. Wenn du es nicht erlebt hast, schau es dir auf Youtube an. Deutschland gegen Argentinien, 85. Minute, Völler fällt im Strafraum, der Schiedsrichter pfeift Elfmeter. Noch während die Argentinier protestieren, gestikulieren und den Schiedsrichter bedrängen, schnappt sich Andy Brehme den Ball, geht zum Elfmeterpunkt, stellt sich demonstrativ hin: Das ist meiner! Und beginnt sofort, sich zu konzentrieren. Die Argentinier stupfen ihm den Ball weg, versuchen ihn zu irritieren, pöbeln ihn an, stehen minutenlang im Strafraum rum. Er konzentriert sich. Das Stadion tobt, über eine Milliarde Fernsehzuschauer an den Bildschirmen. Brehme bleibt cool. Man sieht es ganz deutlich. In seinem Kopf hat er den Ball schon hundertmal versenkt, bis endlich der Schiedsrichter den Ball freigibt. Er läuft an und schießt den Ball mit einem blitzsauberen Innenspannstoß ins linke Eck direkt neben den Pfosten, ein Präzisionsschuss – den hält kein Torwart der Welt.

Hinterher sagte er in einem Interview: »Wenn du zum Elfmeter hingehst, musst du davon überzeugt sein, dass du ihn reinmachst. Sonst darfst du das nicht. Dazu steht viel zu viel auf dem Spiel. Wäre ich nicht sicher gewesen, hätte ich einen anderen schießen lassen.«

Glaube ist ansteckend.

Beim Freiwurf im Basketball hast du keine Wahl. Der Gefoulte muss selbst werfen. Deshalb ist nicht jeder Werfer so hundertprozentig sicher, dass er treffen wird. Du erkennst schon am

Gang des Spielers zur Freiwurflinie, ob er trifft oder nicht. Natürlich nie mit absoluter Sicherheit. Aber du siehst die Coolness einem Spieler im Gesicht an, der sich schon vor den Würfen denkt: »Danke für die zwei Zähler auf meinem Punktekonto.« Oder du siehst an der Haltung und in den Augen die Zweifel: »Wenn das mal bloß gut geht …«

Der Freiwurf ist ein extrem fokussierter Moment, der für Verstellung wenig Raum lässt. Das Spiel steht still. Du stehst alleine an der Linie. Der Korb in 3,05 Meter Höhe, 4,20 Meter weit weg von der Freiwurflinie. Mitspieler, Gegner und Schiedsrichter beobachten dich. Die ganze Halle schaut nur auf dich, jedes einzelne Augenpaar.

Mit sechzehn habe ich ein Bundesliga-Spiel gemacht, an das ich mich heute noch in allen Einzelheiten erinnere. In der ersten Halbzeit hatte ich sensationelle sechzehn Punkte geworfen. Und trotzdem saß ich wie ein Häufchen Elend in der Kabine. Warum? Wir spielten gegen eine Mannschaft, für die ich mit fairen Mitteln kaum zu stoppen war. Deshalb versuchten sie es mit Fouls, als sie merkten, dass ich einen Korb nach dem anderen machte. Mit dem Ergebnis, dass ich ständig Freiwürfe bekam. Und genau das hat mich fertiggemacht. Von insgesamt sieben hatte ich einen einzigen verwandelt. Dieser technisch so einfache Wurf. Ich hätte also nicht nur sechzehn, sondern zweiundzwanzig Punkte auf dem Konto gehabt, wenn ich nicht einen nach dem anderen versemmelt hätte. Mit jedem Freiwurf wurde es schlimmer. Irgendwann dachte ich nur noch: »Shit, jetzt muss ich schon wieder an die Linie!«

Das Schlimmste war für mich damals, dass mein Trainer in der Halbzeitpause kein Wort zu mir gesagt hat. Das ist noch schlimmer, als einen Spieler vor seinen Mitspielern laut zu kritisieren. Denn dann investiert der Trainer wenigstens noch Zeit und Aufmerksamkeit in dich. Ein Spieler weiß so zumindest, dass sein Trainer fest daran glaubt, dass er es eigentlich besser kann. Sagt jemand aber gar nichts, dann lässt er dich mit deiner mentalen Blockade einfach sitzen. Das ist das Allerschlimmste. Ich hatte eine volle mentale Blockade und hätte in diesem Moment dringend eine Aufmunterung gebraucht, eine kleine Geste. Denn Glaube ist ansteckend. Wenn jemand an dich glaubt, dann stürzen mentale Mauern, die gerade für dich noch unüberwindbar schienen, ganz plötzlich ein.

Dein Glaube sorgt dafür, dass du dich auf dein Handeln fokussierst, nicht auf ein befürchtetes Ergebnis. Ich hätte noch bis in die Nacht Freiwürfe werfen können, meine Quote wäre nicht merklich besser geworden. Weil mir der Glaube fehlte. Es läuft nämlich so: Du musst treffen, BEVOR du wirfst. Genauer gesagt: Zuerst musst du in Gedanken, vor deinem inneren Auge den Ball sicher versenken. Völlig souverän. Dann erst gehst du an die Freiwurflinie. Und dann triffst du auch. So funktioniert das im Basketball. So funktioniert das im gesamten Leben. Bevor du erfolgreich bist, musst du dir sicher sein, dass du es schaffst.

Bei Dirk Nowitzki kannst du das beobachten. Die Halle tobt und er hat Nerven wie Drahtseile. Er führt auf dem Feld nur noch aus, was er in seinem Kopf ständig tut: Bälle von der Freiwurflinie aus versenken. Er hat regelmäßig mit die beste Freiwurfquote der gesamten NBA. Seine Gegenspieler wissen das. Darum wird er nicht so oft gefoult und bekommt noch mehr Chancen, aus dem Feld heraus zu treffen.

Wenn du aber so verunsichert bist, dass du den Ball nicht einmal in Gedanken sicher versenkst, wirst du es auch auf dem Feld nicht schaffen. Dann brauchst du Unterstützung von außen. Jemanden, der dich wieder aufbaut. Doch das scheint mein Trainer nicht gewusst zu haben.

Aber ich hatte auch andere Trainer. Ich war vierzehn. Damals schon zwei Meter groß, spindeldürr und unkoordiniert. In der Schule nannten mich viele nur noch Lulatsch oder Brillenschlange. Mein Selbstvertrauen war am Boden. Dann entdeckte ich etwas, in dem ich gut war: Basketball. Nach drei

Monaten wurde ich zu einem Sichtungslehrgang der Jugend-Nationalmannschaft eingeladen. Am zweiten Abend nimmt mich mein Trainer in der Halle plötzlich zur Seite. Schaut mich mit all seiner Ehrlichkeit in den Augen an. Sagt einen Satz zu mir: »Christian, du hast das Potential, der beste Basketballer in Deutschland in deinem Jahrgang zu werden.«

WOOOWWWW! Innerhalb einer Sekunde ging mein Selbstvertrauen durch die Decke. Ich schaute meinen Trainer an, sah, dass er es ernst meinte, und dachte mir: Wenn der das glaubt, dann glaube ich es auch. Ich hatte Flügel. Dieser Satz trug mich fünf Jahre durch meine Karriere. Ein Satz – fünf Jahre!

5. Kapitel – Ziele

Warum die meisten Menschen nicht erreichen, was sie wollen

Was für ein Abstieg. Steil vor mir gehen tausend Meter runter wie die Schnäpse auf dem Schützenfest. Wir laufen im Bett eines Gebirgsbaches die Nordflanke der Rappenscharte hinab. Auf den Kieseln liegt der Tau, und kommst du erst mal im Rutschen, hältst du erst wieder an der nächsten Almhütte. Ruckzuck landest du aber auf der Pritsche im Hubschrauber der Bergwacht. Drei oder vier Läufer habe ich schon stürzen sehen.

»Wer hier danebentritt, ist raus«, denke ich noch, als ich merke, wie mein rechter Fuß wegsackt. Ich bin in die unterspülte Böschung geraten, und die gibt meinem Gewicht nach. Blitzschnell ramme ich meine Stöcke zwischen die Steine und stemme mich mit aller Gewalt darauf. Einer zersplittert unter der Wucht meines fallenden Körpers. Dabei fängt er gerade so viel Schwung ab, dass ich mich in den Hang zurückdrehen kann, wo ich mit den Rippen auf einen Fels knalle. Zum Glück, denn so finde ich Halt. Mir bleibt die Luft weg. In meinen Kopf schießen Bilder.

Bilder vom Krankenhaus? Von einer Operationsnaht? Von Krücken? Nein! Ich sehe mich am Start der morgigen Etappe. Auf dem Gipfel des nächsten Tages. Abends mit meinen Freunden beim Essen. Dann flimmern vor meinem inneren Auge die Tore des Zieleinlaufs in der

Abendsonne. Zum Greifen nah. Ich fühle tiefe Freude und weiß, dass ich nicht scheitern kann.
»Christian!«, höre ich Heikos Stimme und kriege links und rechts ein paar um die Ohren. Als ich die Augen öffne, blicke ich in das Gesicht meines Teampartners. Er ist ein wenig bleich um die Nasenspitze. Aber er weiß, dass ich was einstecken kann. »Aufstehen! Oder willst du hier festwachsen?«
Ich rapple mich auf. Schwankend klopfe ich den Dreck von meinem Laufanzug, inspiziere die angeschrammte Stelle an meiner Seite, atme kurz durch, trinke einen Schluck. Alles okay. Weiter geht's.

Traum gleich Wunsch gleich Ziel

Das vom amerikanischen Autor, Berater und Unternehmer Doc Childre gegründete HeartMath Institute hat berechnet und gemessen, dass die Energie des Herzens zwanzigmal stärker ist als die Energie unserer Gedanken. Jetzt frag mich bloß nicht, wie die das gemessen haben. Ich weiß es nicht und es ist mir egal. Wichtiger ist mir die Botschaft, die in dieser merkwürdigen Aussage steckt, das Bild, die Metapher. Ich stelle mir vor: Meine Herzensenergie ist zwanzigmal stärker als die Kraft meiner Gedanken. Und meine Gedankenkraft ist zwanzigmal stärker als mein Körper. Mein Körper führt aus, was mein Herz sich wünscht, nach dem Plan, den sich mein Verstand ausdenkt. Zwanzig mal zwanzig. Das macht Faktor vierhundert. Wenn ich jetzt einen echten Herzenswunsch habe, dann wird mein Geist das richtige Ziel finden und mein Körper wird es erreichen. Zwangsläufig.

Mit jedem Wunsch zeigt uns unser Herz unsere Zukunft. Wer sich wünscht, Wasser in die Stadt zu leiten, denkt sich einen Aquädukt aus und baut ihn. Wer sich wünscht, mit einem

Menschen glücklich alt zu werden, denkt sich ein gemeinsames Leben aus, meistert alle Krisen und holt sich das gemeinsame Glück in die Welt.

Vollgas mit angezogener Handbremse.

Ich muss nur lernen, meine Wünsche zu erkennen, dann wird mein Verstand Ziele daraus formen. So gestaltest du deine Zukunft. Du beginnst zu träumen, und am Ende nimmst du dein Leben aktiv in die Hand. Ganz wörtlich, denn wer Träume hat, hat Wünsche, wer Wünsche hat, hat Ziele, wer Ziele hat, kommt ins Handeln und gestaltet sein Leben selbst. So lebst du deinen Traum. Und zwar täglich. Der Clou dabei: Niemand muss etwas erreichen, um glücklich zu sein. Das ist ein weitverbreiteter Irrtum! *Es geht im Leben nicht darum, Ziele zu erreichen, um glücklich sein zu können, sondern darum, glücklich Ziele zu erreichen.* Schlüsselsatz!

Nur dein Herz weiß, was wirklich richtig für dich ist. Welche Ziele DEINE Ziele sind. Was du WIRKLICH willst. Weder dein Lebenspartner noch deine Eltern, schon gar nicht dein Lehrer oder gar irgendein Politiker kann das wissen. Auch dein Verstand weiß es nicht. Nur dein Herz weiß, was, wer oder wo du sein kannst im Leben. Dein Herz spricht zu dir mit der Sprache der Gefühle. Ich gebe dir einen Schlüsselsatz von mir mit, der zurzeit auf meiner täglichen Lobliste steht: *Alle Ziele, die sich gut anfühlen, sind richtig für mich und stehen in Harmonie zu dem, was ich mir wirklich wünsche.*

Das mit den Zielen müsste also eigentlich ganz einfach sein. Ist es auch. Ganz von selbst geht es trotzdem nicht. Das Problem ist der Geist, der nicht dem Herzen folgt. Sondern abhaut und irgendwo im Außen herumstromert und sich beeinflussen lässt.

Oft ist es doch so: Das Herz will in die eine Richtung, der Verstand in eine komplett andere. Das ist wie Vollgas fahren mit angezogener Handbremse, bis der Tank leer ist, der Motor platzt oder das Getriebe verreckt. Wer gewinnt? Bei den meisten Menschen behält der Verstand die Oberhand. Warum? So haben wir es gelernt. Oder hattest du in der Schule das Fach »Lerne auf dein Herz zu hören – folge deiner Intuition«?

Lass uns das in Gedanken einmal durchspielen. Tief im Herzen wünschst du dir ein Leben in Reichtum und Überfluss. Gib es zu! Und es würde mich nicht wundern, wenn in deinem Verstand ab und zu das vage Ziel, einmal Millionär zu werden, aufgetaucht wäre. Trotzdem hast du, wie fast jeder hierzulande, die negativen Glaubenssätze des Gesellschaftsspieles verinnerlicht. »Geld macht einsam« oder: »Reiche gehen über Leichen« und so weiter. Ich höre den inneren Anschiss: »Millionär werden? Nur skrupellose Menschen werden reich.« Der Verstand schickt das Herz mit Kopfnuss und Eselshut in die Ecke. Statt dass die beiden einander an der Hand nehmen, den Sinn des Traums verstehen, sich ein Ziel setzen und gemeinsam den ersten Schritt in eine aufregende Zukunft tun.

Arzt sagt nein – Bischoff sagt ja

Das kalte Kunstleder quietscht und klebt an meiner Haut, als ich mich auf der Behandlungsliege ausstrecke. Der Arzt beugt sich über meine Beine und betastet mein linkes Knie. Auf dem Monitor hinter ihm flimmern die Bilder der Kernspin-Untersuchung. Er knurrt in seinen Bart. »Knorpelschaden. Acht Tage über die Alpen? Ausgeschlossen.«

Seine Diagnose versetzt mir einen Stich ins Herz. Doch ich bin so leicht nicht unterzukriegen. »Geht nicht gibt's nicht«, sage ich. »Dazu will ich eine zweite Meinung hören!«

Mit den Aufnahmen meines Knies fahre ich zum Mannschaftsarzt unserer Profimannschaft. Er guckt nur kurz drauf und lacht. Dann sagt er: »So sind die Ärzte. Ausgebildet, Fehler zu finden. Sie nehmen ihr Buch ›Der perfekte Körper‹ und schlagen die Seite ›Das Knie‹ auf. Haben sie den Unterschied zwischen dem perfekten Knie und deinem Knie gefunden, setzen sie ihr wichtigstes Gesicht auf und du hast einen Knorpelschaden. Das perfekte Knie gibt's nur leider außer in diesem Buch nirgendwo sonst auf der Welt. Jedes Knie ist anders.«

Er schaut sich meine Kernspin-Bilder an. »Gereizt. Weil du zu schnell zu viel und zu intensiv trainiert hast, Christian. Aber kein Problem.«

Dann klatscht er in die Hände. »Fit genug für den Lauf bist du. Wir machen jetzt die perfekte Prävention. Erstens perfekter Schuh, zweitens perfekte Laufeinlage.«

In den folgenden Wochen haben wir genau das getan. Da sind etliche Stunden Arbeit reingeflossen. Wir haben aus vielen Paar Schuhen das optimale ausgesucht, wir haben gemeinsam eine Spezialeinlage entwickelt, wie du sie in keiner Orthopädie findest. Wir haben die Frage, OB es geht, in die Frage verwandelt, WIE es geht. Und eine Antwort darauf gefunden.

Der entscheidende Punkt an dieser Geschichte ist: Warum habe ich mich von der niederschmetternden Diagnose des Arztes nicht abschrecken lassen? Der Widerstand gegen das ärztliche Urteil kam nicht aus meinem Kopf, sondern aus meinem Herzen. Es hat gesagt: »Das ist nur ein körperliches Problem. Ein Warnsignal. Ein Hinweis. Mehr nicht. Ich schaffe das!«

Wie ich weiter oben geschrieben habe: Wenn du einen Rückschlag hast, spricht das Leben in einer von zwei Botschaften zu dir: Entweder heißt die Message: »So nicht.« Oder: »Noch nicht.« Bei dieser Kniegeschichte hat mir das Leben beide Botschaften auf einmal gesendet.

So nicht: Ich musste aufhören, so intensiv zu trainieren, da mein Körper sich nur langsam und allmählich der Belastung anpassen konnte. Danke! Also habe ich das Tempo aus dem Training genommen.

Noch nicht: Ich war noch nicht fit genug für den Wettkampf, konnte nicht schon auf hundert Prozent hochdrehen. Und ich hatte noch nicht die richtige Ausrüstung gefunden, spezielle Schuhe und Einlagen. Ich war noch nicht bereit. Danke! Also wusste ich jetzt, was genau zu tun ist. Wenn du dem Leben die richtigen Botschaften ablauschst, wird der Verstand die richtigen Lösungen für deine Probleme finden.

Der Mut, die oft als Rückschläge verkleideten Botschaften des Lebens zu akzeptieren und zu nutzen, kommt aber aus dem Herzen. Bei einer Niederlage, einem Rückschritt, einem Widerstand: Frage dein Herz! Es wird mit einem Gefühl antworten, ob es weitermachen will. Du musst genau hinspüren, es ist manchmal nur ein winziges Gefühl. Aber es ist da. Geh nie darüber hinweg!

Die Willenskraft ist wie ein Terrier.

Lass uns gemeinsam mal was probieren. Schau jetzt aus dem Fenster und suche den nächstbesten Kirchturm. Gefunden? Dann stell dir vor, dein größtes Ziel ist es, den Wetterhahn zu berühren. Jetzt ziehst du wahrscheinlich gerade die Stirn in Falten und fragst dich erstens, was das soll, und zweitens, ob das überhaupt gehen kann. Herzlichen Glückwunsch, damit bist du schon zu 99,9 Prozent gescheitert. Denn wenn du dir diesen Turm so ansiehst, fallen dir tausend Gründe ein, warum du das nicht schaffst. Wahrscheinlich ist schon die Tür zum Treppenaufgang verschlossen. Spätestens auf der Turmspitze würde dir schwindelig werden und du würdest hinunterfallen. Du weißt sofort, warum es nicht geht. Damit ist jeder ernstgemeinte Versuch zum Scheitern verurteilt.

Jetzt stell dir vor, ich habe einen Koffer mit einer Million Euro cash an den Wetterhahn gehängt. Wenn du es schaffst, in einer halben Stunde oben zu sein, gehört das Geld dir. Schaffst du es jetzt? Ich wette, dir fallen in kurzer Zeit mindestens zwanzig Strategien ein, wie du auf den doofen Turm raufkommen kannst. Zur Not rufst du die Feuerwehr und behauptest, im Koffer wäre deine Katze. Jetzt, wo das Geld dort oben hängt, fragst du nicht mehr, OB, sondern WIE du hoch kommst. Jetzt hast du einen klaren Antrieb – das Geld. Das Geld ist dein Motiv. Eigenmotivation ist nichts anderes, als ein tägliches Motiv für das eigene Handeln zu haben. Es gibt jetzt einen motivierenden Grund für dich und du weißt aus tiefstem Herzen, WARUM du da hoch musst. Du spürst ein Kribbeln, spürst die Aufregung, den Enthusiasmus, wenn du zu dir sagst: Das pack ich an. Das ist das Entscheidende – zu fühlen, dass du es willst, und zu wissen warum. Mit deiner Motivation kommt die Willenskraft. Die ist wie ein Terrier. Sie lässt nicht locker. Kein Zweifel kann sie brechen.

Sinnvoll, absolut, terminfrei

Kurz nach dem Transalpine Run schlug mir mein Laufpartner Heiko als nächstes gemeinsames Ding den Marathon des Sables vor, einen Lauf durch die Sahara. 250 km durch die Wüste Afrikas in sechs Etappen, maximal neun Liter Wasser bekommt jeder Teilnehmer dafür pro Tag. Ich habe eine Weile darüber nachgedacht und hatte dieses Ziel sogar kurze Zeit auf meiner Zielliste. Dann habe ich es aber wieder gestrichen. Nicht, weil mir der Mut fehlte. Ich weiß, mit Heiko hätte ich auch das gemeistert. Nein, ich habe einfach keinen Sinn darin gesehen, meinen Körper so auszulaugen, ihn so auf die Probe zu stellen. Es kam kein Kribbeln bei mir auf. Es fühlte sich eher so an, dass der körperliche Preis, den ich bezahlen würde, größer wäre als das Erlebnis und die Erfahrung. Machbar. Nur war mir unklar, warum ICH das tun sollte. Also läuft Heiko, für ihn macht es Sinn. Und ich laufe nicht. So einfach ist das.

Manchmal musst du ein Ziel aber erst erreichen, um festzustellen, dass es leer ist. Mit neunzehn Jahren war mein berufliches Lebensziel der Bundesliga-Cheftrainer. Mit 25 habe ich dieses Ziel gestrichen, und ich erinnere mich noch gut an das Gefühl, als sich das Graphit des Bleistiftes quer über die ausgeblichenen Tintenbuchstaben legte, die ich sechs Jahre zuvor gewissenhaft auf das Papier gemalt hatte. Ich wusste damals aus tiefstem Herzen, dass ich Headcoach werden wollte.

Am Ziel angekommen, lernte ich auch die Kehrseiten kennen. Das Ziel hat seinen Glanz verloren. Deshalb konnte und wollte ich auf Dauer nicht Profi-Trainer bleiben. Das Ziel war für mich von diesem Moment an leer. Ohne tieferen Sinn. Ich war am Ziel und fragte mich: War's das jetzt?

Manchmal musst du ein Ziel erst erreichen, um festzustellen, dass es leer ist.

Stell dir einen Rodler vor. In seinem Sport entscheiden oft Hundertstelsekunden über Gold, Silber und Bronze. Der Rodler hat sich perfekt vorbereitet und acht Jahre auf den Höhepunkt seiner Karriere, das Olympiafinale hintrainiert. Er macht das beste Rennen seines Lebens und übertrifft seine Bestzeit um drei Zehntel. Ein riesengroßer Erfolg. Im Rodeln ist das ein Quantensprung. Ein junger Chinese aber schießt durch den Eiskanal, als ginge es um sein Leben. Unser Rodler wird um ein Tausendstel geschlagen. Jetzt kommt es darauf an: Was war sein Ziel? War sein Ziel, sein Bestes zu geben und einen persönlichen Rekord aufzustellen? Dann fühlt er sich mit seiner Silbermedaille wie im siebten Himmel. Oder war sein Ziel, der Beste zu sein und Gold zu gewinnen? Dann ist unser Rodler gescheitert. Er wird den zweiten Platz als bittere Niederlage empfinden und vielleicht bis zum Ende seines Lebens diese Tausendstelsekunde verfluchen. Wo habe ich dieses Misttausendstel nur verloren? Warum musste mir das passieren? Menschen können an solchen Gedanken kaputtgehen. Und das ist eine große Gefahr.

Gold zu holen – das klingt nach einem absoluten Ziel, es ist aber nur ein relatives. Weil die Leistung eines Menschen immer mit der von anderen verglichen wird. Das verstehen die wenigsten. Sie setzen ihre Ziele in Konkurrenz zu anderen, also in Relation zu deren Leistung. Der Geist haut ab und orientiert sich am Außen – ein Zeichen von mangelnder Selbstachtung und mangelndem Respekt DIR und ANDEREN gegenüber. Jawohl. Noch mal: Relative Ziele sind Mist. Sie setzen dich herab. Sie setzen deinen Gegner herab. Sie drücken den Wunsch aus, es ständig anderen zeigen zu wollen, statt nur sich selbst. Die Folgen sind Neid, Angst, Minderwertigkeit. Schlüsselsatz: *Relative Ziele sind der direkte Weg in permanente Unzufriedenheit, denn es gibt immer jemanden, der besser ist als du.*

Vergleiche dich nicht mit anderen. Ein relatives Ziel kann nie deine Leistung messen, denn die Umstände, die einen Menschen an die Spitze bringen, liegen nicht in deiner Hand. Alles, worüber du bestimmst, ist deine eigene Leistung.

Wer jetzt denkt: »Aber Moment mal, Christian, Gewinnen, genau darum geht es doch im Profi-Sport!« –, der hat recht. Mach dir aber bewusst, dass Profi-Sport Entertainment ist, ein Geschäft, das die Fans und Zuschauer so unterhalten und bespaßen soll, dass sie ihr Geld hineinstecken – am bestens als Edelfan ein Leben lang. Nur so können Profi-Fußballer ihre Millionen verdienen. Nur solange du ins Stadion gehst und die Glotze anmachst. Aber denk doch mal nach: Nimm Inter Mailand und den FC Bayern 2010. Inter gewinnt das Triple (Meister, Pokalsieger und Champions-League-Gewinner), Bayern das Double (Meister und Pokalsieger). Was wollen diese beiden Teams denn nächstes Jahr noch besser machen? Ein kleiner Fehltritt bei beiden Teams reicht in der Folgesaison, um in den Augen der Öffentlichkeit eine schlechte Saison zu spielen. Dann ist plötzlich alles schlecht, die Presse macht Druck, der Trainer wird gefeuert, die Abwärtsspirale nimmt ihren Lauf. Warum? Nur weil es nicht mehr höher als am höchsten geht?

Je höher du die Leiter heraufkletterst, desto tiefer kannst du fallen.

Deshalb setzen sich die lebensklügsten Profisportler immer eigene absolute Ziele und spielen nach außen das relative Spiel um den Sieg nur bereitwillig mit, ohne davon abhängig zu sein.

Ziele müssen also sinnvoll sein, und sie müssen absolut sein – das heißt, du allein hast es in der Hand, sie zu erreichen. Was noch? Sie müssen terminfrei sein, dürfen keine Deadline haben! Ich weiß, das widerspricht allen Ziele- und Projektmanagementratgebern und den Weisheiten der Motivationstrainer. Aber es ist so: Sobald du ein Ziel mit einem bestimmten Zeitpunkt verknüpfst, hast du willkürlich eine Deadline gesetzt, eine Galgenfrist, einen Grund zum Scheitern.

»Bis zum 31. 12. will ich auf 85 Kilo runter« oder: »Bis Ende 2015 beträgt mein liquides Vermögen eine Million Euro« – Ich sage: Kill the Deadline! Denn alles im Leben braucht seine Zeit. Wenn du etwas Neues angehst, hast du keine Ahnung, wie lange es dauert. Früher oder später erreichst du, was du willst. Nur eben meistens später als früher, und das ist eine Lektion, an der besonders die Pläne ehrgeiziger Menschen oft scheitern. Schlüsselsatz: *Fast alles im Leben dauert länger als geplant.*

Ich habe gelernt, dass Deadlines Unzufriedenheit und Stress auslösen. Für mich zählt nur der momentane Schritt in die richtige Richtung. Wenn du ein großes Lebensziel erreichen willst, ist es vollkommen egal, ob du drei, fünf oder zehn Jahre brauchst. Du wirst dranbleiben. Willst du abnehmen, ist es egal, ob du heute, in drei Monaten oder in einem halben Jahr 85 Kilo wiegst. Hauptsache, die Richtung stimmt. Also Hauptsache, dein Gewicht sinkt von Woche zu Woche. Irgendwann wirst du dann zwangsläufig unter die 85 Kilo rutschen und sogar bei deinem eigentlichen Idealgewicht von 75 landen. Entscheidend ist, dass du in keiner Woche mehr Gewicht hast als in der Vorwoche. Worum es geht, ist nicht irgendein Zeitpunkt, an dem irgendein Zustand sein soll, sondern der Prozess, die Richtung der Gesamtentwicklung.

Wenn du einen Zeitpunkt mit Hilfe einer Deadline anvisierst, kann es gut sein, dass du es sogar schaffst: 85 Kilo am 31. 12. – nur um einen Monat später wieder 95 Kilo draufzuhaben. Weil du dir bis Ende Dezember alles abverlangt hast, gelitten hast, keine Freude mehr hattest. Nun musst du dich erst mal belohnen. Ziel erreicht, trotzdem zu fett.

Deshalb sage ich: Streich die Deadline! Weißt du erst, warum du irgendetwas willst, hast du den inneren Magnetismus hergestellt. Dein Ziel wirkt wie ein starker Magnet. Das ist der Mechanismus! Wirst du erst mal von deinem Ziel magnetisch angezogen, wirst du täglich ein paar Schritte in die richtige Richtung machen. So lange, bis du am Ziel angekommen bist. Wahrscheinlich musst du dir dann sogar einmal am Tag einen Schokoriegel reinziehen, um die 75 Kilo zu halten. Denn durch den Prozess, den du initiiert hast, hat sich dein Verhalten von Grund auf geändert. Du hast ein völlig neues Verhältnis zu deinem Körper gewonnen. Ernährung und Bewegung haben sich so eingetaktet, dass dein Körper jetzt ein wahrer Kalorien-Burner ist.

Sobald du ein Ziel mit einem Zeitpunkt verknüpfst, hast du einen Grund zum Scheitern.

Wozu soll die Deadline denn gut sein, diese dumme, nutzlose Sollbruchstelle, die dir vielleicht genau einen Meter vor dem Ziel sagt: Sorry, Zeit ist abgelaufen? Ich habe das bei meiner Karriere als Redner erlebt. Wie lange hat es gedauert, mich zu etablieren? Als ich anfing, glaubte ich, dass mir nach einem halben Jahr die Veranstalter die Bude einrennen würden. Das war ein wenig blauäugig. Unterm Strich hat es fast vier Jahre tägliche Arbeit gekostet, bis regelmäßig Aufträge kamen. Stell dir vor, ich hätte mir damals eine Deadline von drei Jahren gesetzt. Wie dumm wäre das gewesen! Die meisten Menschen sind ungeduldig. Sie lassen den Dingen – und ihrem Selbst – nicht genug Zeit, sich zu entwickeln.

Deadlines zu setzen bedeutet, die Verantwortung für den Lauf der Welt zu übernehmen. Verantwortung für Dinge, die nicht in deiner Macht liegen. Warum solltest du erlauben, dass Faktoren, die du nicht beeinflussen kannst, dich ständig stressen, unter Strom setzen und unzufrieden machen?

Nimm einen Hundefrisör. Er setzt sich das Ziel, eine internationale Franchise-Kette für Dog Beauty aufzubauen und 100 Millionen Umsatz zu machen. Wenn er in zwanzig Jahren vor seinem Schloss in der Provence seine Rassepudel spazieren führt, was juckt es ihn dann, ob er sein Vermögen in 10, 15 oder 20 Jahren gemacht hat? Er blickt zurück – und ist stolz auf seine Lebensreise. Darauf, was sein Ziel aus ihm gemacht hat.

Werde innerer Millionär!

Slay, mein Mentor und US-Basketball-Hall-of-Fame-Member, sagte zu mir, als ich zwanzig war: »Christian, setz dir das Ziel, Millionär zu werden.«

»Warum?«, fragte ich ihn.

Er gab mir einen der besten Sätze als Antwort, die ich je gehört habe: »Nicht wegen dem Geld. Sondern wegen deinem Charakter: In welchen außergewöhnlichen Menschen wirst du dich entwickeln müssen, um dieses Geld anzuziehen?«

Deinen Reichtum kannst du wieder verlieren. Aber wer innerlich vermögend ist, kann Werte jederzeit neu erschaffen. Nimm einem Menschen, der viel hat, alles weg – dann hat er gar nichts mehr. Nimm einem innerlich Vermögenden alles weg – er wird es sich in relativ kurzer Zeit wieder erschaffen können. Der eine hat, der andere vermag, der eine ist statisch reich, der andere dynamisch reich. Der eine hat materiellen Reichtum, der andere inneren Reichtum – der den äußeren zwangsläufig nach sich zieht. Mach dir das klar: Der Reichtum wirklich vermögender Menschen spiegelt nur ihren inneren Reichtum wider. Darum ist Reichtum in den meisten Fällen ein Grund für Respekt!

Natürlich geht Geld auch andere Wege. In unserer Gesellschaft gibt es viele, die viel haben, aber innerlich arm sind. Im besten Fall wahren sie ihren Besitz. Doch leicht verlieren sie alles. Hast du finanzielle Ziele, bringe sie IMMER in Einklang mit deinem Charakter, deinem inneren Wesen. Denn noch mal: Die Frage ist nicht: Was muss ich tun, um eine Million liquides Vermögen zu besitzen? Ganz schlechte Frage! Die gute Frage lautet: In welche Person will ich mich entwickeln, deren inneren Reichtum man am äußeren Vermögen von einer Million Euro ablesen kann?

Geldziele sind nützlich, weil sich an ihnen die zurückgelegte Strecke in Zahlen messen lässt. Aber das ist auch alles. *Geld misst lediglich, wie wertvoll du für andere Menschen bist.* Schlüsselsatz!

Geld ist aber auch ein Machtinstrument. An sich weder gut noch schlecht, die Frage ist, wie du es nutzt. Jeder Arme kann freundlich sein. Aber gib einem Menschen Geld, und du erkennst seinen wahren Charakter.

Geld ist vor allem ein Freiheitsinstrument. Je mehr du hast, umso mehr verfügst du über deine Zeit. Aber Geld allein macht nicht frei. Geld ist ein Freiheitsinstrument, so wie ein Hammer ein Nagel-in-die-Wand-Instrument ist. Leg mal einen Hammer vor die Wand und einen Nagel daneben. Was passiert? Wie kommt der Nagel in die Wand? Vom Hammer? Nein, vom Hämmern!

Genauso ist es mit dem Geld und der Freiheit. Wirst du frei, wenn du ein Vermögen rumliegen hast? Nein! Es ist andersherum: Du kannst Geld immer nur im Rahmen deiner inneren Freiheit nutzen. Bist du Gefangener von falschen Glaubenssätzen, wirst du weder mittellos noch als Multimilliardär glücklich. Im Gegenteil. Kommst du unreif zu Geld, wird dich seine unbändige Kraft zerquetschen. Nur wer innerlich frei ist, auf sein Herz hört, seine Wünsche kennt und seinen Willen beherrscht, wird glücklich und erfolgreich sein.

Wie kommt der Nagel in die Wand? Vom Hammer?

Du beschließt also, Millionär zu werden ... Falscher Ansatz! Gier, Neid und Missgunst würden dein Handeln bestimmen. Beschließe lieber, jemand zu sein, der gar nicht anders kann, als reich zu werden. Hast du ein weitgestecktes Entwicklungsziel für deine Persönlichkeit, wirst du Eigenschaften und Fertigkeiten entwickeln, die dich so außergewöhnlich und unwiderstehlich machen, dass die Welt dein Angebot annehmen will. Dein Wert steigt, und das Geld folgt. Finanzieller Erfolg kann kein Ziel sein. Nur die Folge deines Ziels.

Das Glück im Werk

Michelangelo hat fünf Jahre an den Fresken der Sixtinischen Kapelle gearbeitet – 60 Monate, 1825 Tage, 21 900 Stunden, 1 314 000 Minuten, 78 840 000 Sekunden Lebenszeit hat er mit dem Anrühren von Kalkputz und dem Auftragen von Farbe verbracht. Und damit, jeden Abend wieder abzuschlagen, was nicht gelungen war oder was er nicht ausmalen konnte, bevor der frische Putz getrocknet war. Tag für Tag für Tag. Heute besuchen Millionen Menschen im Jahr dieses beispiellose Meisterwerk.

Hat es sich gelohnt? Wir wissen es nicht, denn das kann nur

der Meister selbst beantworten, und wir haben seine E-Mail-Adresse nicht. Aber was wir uns abschauen können von ihm: Willst du etwas wirklich beherrschen, musst du es immer und
immer und immer und immer und immer und immer und im-
mer und immer und immer und immer und immer und immer
und immer und immer und immer und immer und immer und
immer und immer und immer und immer und immer und im-
mer und immer und immer und immer und immer und immer
und immer und immer und immer und immer und immer und
immer und immer und immer und immer und immer und im-
mer und immer und immer und immer und immer und immer
und immer und immer und immer und immer und immer und
immer und immer und immer und immer und immer und im-
mer und immer und immer und immer und immer und immer
und immer und immer und immer und immer und immer und
immer und immer und immer und immer und immer und im-
mer und immer und immer und immer und immer und immer
und immer und immer und immer und immer und immer und
immer und immer und immer und immer und immer und im-
mer und immer und immer und immer und immer und immer
und immer und immer und immer und immer und immer und
immer und immer und immer und immer und immer und im-
mer und immer und immer und immer und immer und immer
wieder üben.

Du weißt genau, wie das geht. Denn so hast du sitzen, laufen, sprechen, lesen, schreiben und Auto fahren gelernt. Du hast nicht aufgegeben, bis du dein Ziel erreicht hattest, bis du es perfekt konntest. Nur hast du anschließend schnell vergessen, WIE du das geschafft hattest.

Wird dir etwas langweilig, ist das ein Symptom dafür, dass du es nicht wirklich willst. Dann hör auf. Dein Herz ist nicht bei der Sache. Aber ohne Herz geht es nicht.

Als ich sechs Jahre alt war, brachte ich von einem Spaziergang eine Eichel mit. Ich hatte sie wie ein Eichhörnchen vom

Waldboden aufgesammelt. »Papa, ich will einen Baum machen!«

»Schön«, Papa freute sich über den Traum eines kleinen Jungen. »Sohnemann, das dauert Jahre. Aber es wird was, wenn du dich am Anfang gut kümmerst.«

Wir sind im folgenden Winter umgezogen, seiner Arbeit hinterher. Bei der Fahrt mit dem vollgepackten LKW hatte ich meinen kleinen Topf Erde auf dem Schoß – sicher ist sicher. Im Frühjahr brachen zwei kleine grüne Blätter hervor. Ich habe sie jeden Tag gegossen und zwei Jahre später das zarte Bäumchen neben einem großen Findling am Waldrand eingepflanzt.

Als ich letzten Herbst zu diesem Waldstück gefahren bin, fand ich die Stelle nicht gleich. Es dauerte eine Weile, bis ich den gewaltigen Findling aus meiner Erinnerung in dem Feldstein wiedererkannte, der mir kaum bis zu den Knien reichte. Er stand im Schatten einer kräftigen, jungen Eiche. Sicher zehnmal so groß wie ich. Das war mein Baum. Und zu meinen Füßen lagen Hunderte frisch gefallener Eicheln.

6. Kapitel – Sinn

Deine einzige Pflicht

Ich stehe auf dem Gipfel und schaue in die Ferne. Mein Puls rast noch vom Aufstieg. Ich drehe mich langsam um meine Achse, zu meinen Füßen funkeln frische Schneekristalle. Mein Atem beruhigt sich. Wohin ich auch schaue: Berge, nichts als Berge. Ich kann in jede Richtung Hunderte Kilometer weit sehen. Grün, Felsen, Schnee, Eis, Waldhänge, glasklare Seen, Gletscher. Über mir wölbt sich ein tiefblauer Himmel, keine einzige Wolke. Die Sonne steht fast senkrecht über mir. Es ist unglaublich. In meiner Kehle steckt ein Schrei der Freude.
Ich fühle eine solche Klarheit. Ich weiß absolut, wer ich bin, wo ich bin, was ich will, wie ich mich fühle. Ich atme tief durch die Nase ein und fülle die Lungen mit dieser kühlen, frischen, energetischen Luft. Ich stehe in zweitausendsiebenhundertunddreiundneunzig Metern Höhe auf dem Piz Clünas in der Schweiz, 46° 49′14″ nördlicher Breite, 10° 14′40″ östlicher Länge, es ist vierzehn Uhr dreiundzwanzig, die Außentemperatur beträgt sieben Grad Celsius, das Glücksgefühl steht auf 100 Prozent.
Alles, was gestern war – unwichtig. Alles, was draußen in der Welt so vor sich geht, Kriege, Krisen, Koalitionen, Krawalle, Konflikte – unwichtig. Was morgen wohl sein wird – unwichtig. In diesem Moment an diesem Ort zu sein, das macht für mich Sinn.

Einfach sinnvoll

Verstehen können wir das Leben immer nur rückwärts, leben müssen wir es aber vorwärts. Weil wir dabei entlang einer Linie denken, missverstehen wir Sinn als Schlusspunkt unserer Entwicklung. Wir halten Glück und Erfüllung für den krönenden Abschluss, für die Belohnung der Mühsal des Weges, für den Grund, warum wir all unsere Willenskraft einsetzen.

Dabei ist mit dieser Sichtweise ein Leben schnell vertan – nur in der Hoffnung auf die Belohnung am Ende. Warum ist das ein Missverständnis? Weil Sinn gar nichts Übergroßes, Heiliges, Endgültiges ist. Sinn ist ganz einfach. Vier für manchen überraschende Eigenschaften hat er: Sinn ist tagtäglich, individuell, selbstbestimmt, wechselnd.

Tagtäglich: Sinn muss Tag für Tag spürbar und greifbar sein, sonst ist er keiner. Er beflügelt uns jeden Tag. Auch an einem stinknormalen Tag, an dem nichts Weltbewegendes passiert.

Individuell: *Dein Lebenssinn kann nur aus dir selbst kommen.* Schlüsselsatz! Von außen kann er nicht kommen. Papa sagt zum Sohnemann: Der Sinn deines Lebens ist, mein Nachfolger in meiner Firma zu werden. Vielleicht ist das sinnvoll für den Sohnemann, wahrscheinlich ist das aber nicht. Der Papa kann es nicht bestimmen. Auch wenn er gerne würde. Glücklich wird der Sohn nur mit seiner eigenen Entscheidung.

Selbstbestimmt: Den Sinn kann man nicht finden. Sinn macht man. Schlüsselsatz: *Sinn passiert nicht – Sinn gibst du dir!* Er ist eine Entscheidung deines Herzen, kein Fundstück.

Wechselnd: Leben ist kein statischer Plan. Leben ist Veränderung. Das gilt auch für den Sinn. Was vor zehn Jahren in deinen Augen vielleicht noch sinnvoll war, darüber schüttelst du heute voller Unverständnis den Kopf. Wir Menschen sind vielseitige Wesen, mit unglaublich vielen Talenten, Potentialen und Möglichkeiten. Das Leben ist eine Entwicklung, in deren

Verlauf du dich zwangsläufig veränderst. Damit ändert sich auch mal dein Lebenssinn. Ist es dann nicht unsinnig zu glauben, dass wir vierzig Jahre lang einen Job mit der immer gleichen Freude und Begeisterung tun könnten?

Stell dir deinen Lebensweg wie eine Treppe vor. Unten links stehst du heute, oben rechts willst du hin. Deine Ziele sind die einzelnen Treppenstufen. Auf ihnen steigst du empor. Nicht dein großes Ziel, sondern die Treppe selbst ist der Sinn. Das musst du kapieren! Nicht rechts oben ist der Sinn, sondern unter deinen Füßen! Bei jedem Schritt. Schlüsselsatz: *In deinen selbstgesetzten Zielen kannst du täglich deinen Sinn leben.* Je nachdrücklicher du dein selbstbestimmtes Ziel verfolgst, desto intensiver lebst du deinen Lebenssinn.

Dein Lebenssinn kann nur aus deinem Herzen kommen. Nicht aus deinem Verstand, denn dein Verstand ist versaut vom Gesellschaftsspiel mit Ich-müsste-sollte-könnte und mit Dingen, die angeblich richtig oder falsch, gut oder schlecht, machbar oder unrealistisch, akzeptiert oder verachtet sind.

Selbstverständlich ist es sinnvoll, ein Leben voller Glück und Freude zu führen. Glück und Freude können aber nur in dein Leben treten, wenn du das subjektive Gefühl der Freiheit hast. Freiheit spürst du umso intensiver, je selbstbestimmter du dein Leben führst. Hast du jedoch das Gefühl, fremdbestimmt zu werden, nicht frei handeln zu können, so kannst du nie nachhaltig Glück und Freude in diesem Handeln spüren. Ein Mensch, der sich im Beruf fremdbestimmt fühlt, kann aus dieser Tätigkeit nie tiefes Glück und Freude schöpfen. Also kann diese Arbeit nicht sein Lebenssinn sein.

Schlüsselsatz: *Freiheit, Freude und Wachstum sind die drei Dinge, nach denen jeder Mensch auf dieser Welt strebt.* Je intensiver du diese drei Dinge täglich spürst, desto mehr lebst du deinen Lebenssinn. Privat schaffen das noch einige von uns. Beruflich die wenigsten. Natürlich wünschen sich die Menschen, den eigenen Lebenssinn beruflich ausleben zu können.

Doch wie geht das? Zum tieferen Verständnis möchte ich dir meine Definition von Arbeit geben, die auch ein Schlüsselsatz ist: *Arbeit sollte die Aufwendung deiner Lebenszeit sein, mit der du freudige und glückliche Erfahrungen bezahlst.*

Ich gebe dir gerne ein Beispiel: Gerade schreibe ich diese Zeilen. In diesem Buch steckt sehr viel Arbeit. Jeder Satz ist genau überlegt, damit die Botschaft optimal bei dir ankommt. Seit anderthalb Jahren sitze ich an diesem Projekt. Diese Zeit und Arbeit investiere ich, weil es mir Spaß und Freude bereitet. Jedes Mal, wenn ich ein Kapitel beendet habe, spüre ich von tief innen das Glück und die Zufriedenheit in mir hochkommen. Freiheit fühle ich, weil es gerade 3.30 Uhr in der Früh ist. Ich entscheide selbst, wann ich arbeite und wann nicht. Und mit jedem Kapitel habe ich die Gewissheit, innerlich zu wachsen. Denn wenn ich etwas verständlich aufschreibe, nutze ich damit dem Leser. Das empfinde ich als sinnvoll.

Ist es schwierig, herauszufinden, welche Tätigkeit gerade Sinn macht? Eigentlich nicht – die entscheidende Frage für ein sinnvolles Leben ist: Wenn du wüsstest, dass in fünf Minuten dein Leben vorbei wäre, würdest du glücklich und zufrieden die Augen schließen? Wenn ich in der nächsten Stunde einen schweren Unfall hätte, der mich ab morgen an den Rollstuhl bindet, dann weiß ich dennoch, dass ich bis heute intensiv und in meinen Augen richtig gelebt habe. Kein Schicksalsschlag kann mir meine Zeit rauben. Denn ich habe sie bereits in Fülle genossen. Wenn ein Mensch mit 40 stirbt, sagen seine Mitmenschen: Er musste viel zu früh gehen. Stimmt das denn? Was wäre, wenn dieser Mensch in seinen vierzig Jahren mehr erlebt und erfahren hat als drei andere Fünfundsiebzigjährige zusammen? Ist er dann immer noch zu früh gestorben?

Ich bin ständig auf der Suche nach glücklichen Menschen, die ein sinnhaftes Leben führen. Ich finde immer mal wieder welche, und dann frage ich und staune. Sie scheinen fast von innen zu leuchten, und ihre Taten verlangen uns Achtung ab, auch wenn sie noch so unscheinbar sind. Wer sich traut, mit diesen erfüllten Menschen zu reden, wundert sich, wie einfach ihr Leben gestrickt ist. Es sind immer wenige, einfache Dinge, die eine zentrale Stellung darin einnehmen.

Einer meiner Hausberge in unserem wunderschönen Chiemgau kurz vor Österreich ist der Hochgern. Wenn du diesen Berg hochgehst, kommst du zu einer Hütte, die seit Jahren von Hans bewirtschaftet wird. Frühjahr, Sommer, Herbst und Winter – 365 Tage im Jahr. Kein Fernsehen, kein fließendes Wasser, kein Hightech. Ob 40 Grad im Schatten oder tagelanges Festsitzen im Schneesturm, Hans ist in seiner Hütte. Jeden Tag gibt es für Wanderer etwas zu essen und zu trinken. Wenn du ihn fragst, warum er das macht, antwortet er: »Wo ist es schöner als in diesen wunderschönen und ruhigen Bergen? Kein Stress, keine Hektik und keine gestörten Menschen. Ich diene den Wanderern. Mehr brauche ich nicht. Hier ist das Paradies für mich.«

Ich lerne von Menschen wie Hans. Zum Beispiel: Konzentration. Fokus auf das Wesentliche. Ablenkungen ausschalten. Brauchen wir wirklich all die Technik?

Ich lerne von ihnen Standfestigkeit. Du kannst solchen Menschen nicht voller Begeisterung mit einem neuen PC, deinem neuen iPad oder Blackberry oder deiner supertollen Geschäftsidee kommen und erwarten, dass sie sofort schreien: Hurra, ich bin dabei! Jajaja, will ich haben! – Das lässt sie kalt. Sie wissen, was sie brauchen und was sie nicht brauchen.

Ich lerne von ihnen Verzicht – es ist erstaunlich, wie wenig du im Leben brauchst, um glücklich zu sein. Schlüsselsatz: *Verzicht macht dich frei*. Verzicht lässt dich Herr über deine Zeit, dein Geld und damit frei sein. Brauchst du wirklich all die Dinge, die dir die Werbung täglich anpreist? Mit jedem Kauf gibst du Geld aus. Geld, für das du arbeiten musst. Je mehr du kaufst, desto mehr musst du arbeiten. Desto unfreier wirst du. Auch eine Masche, in die dich das Gesellschaftsspiel heimlich verstrickt, ohne dass du es merkst. Wer Geld verdienen MUSS, kann nicht frei handeln. Wohlgemerkt, ich meine nicht Askese, es geht nicht um Selbstkasteiung, sondern nur um die Befreiung von allem Überflüssigen – um das Wesentliche.

Deinen Lebenssinn zu finden ist so einfach, wie Spaghetti mit Tomatensoße zu kochen. Denn du brauchst auch hier nur drei Zutaten. Einen Teil »machen«, einen Teil »sein« und einen großen Teil »genießen«.

Was bedeutet das? Dein Lebenssinn ist ein einfacher Satz mit genau drei Komponenten. Er muss etwas enthalten, was du jeden Tag problemlos machen kannst. Etwas das du jeden Tag sein kannst, und etwas, das du jeden Tag genießen kannst. Bilde daraus einen einfachen Satz.

Als ich noch Basketballtrainer war, hieß er: »Ich bin ein Basketballtrainer (SEIN), der seinen Spielern hilft, so gut zu werden, wie sie werden können (MACHEN), und dabei jeden Tag Spaß hat. (GENIESSEN)«

Living paleo

Na schön. Die Sache mit dem Sinn ist einfacher, als die meisten denken. Trotzdem bleibt die Frage: Was ist denn jetzt im Moment gerade der Sinn meines Lebens? Die Antwort: Wer seiner eigenen Natur gemäß leben will, muss sich der Natur aussetzen. Oder anders gesagt: Wer herausfinden will, was für ihn sinnvoll ist, muss zumindest für einen kurzen Zeitraum all das abschalten, ausblenden, weglassen, was uns von außen aufoktroyiert wird, eben das ganze Gesellschaftsspiel. Das heißt nichts anderes als NICHT zu tun, was man sonst tut, sondern etwas zu tun, was man für gewöhnlich NICHT tut. Man schaut Fernsehen. Man isst den ganzen Tag Kohlenhydrate, man trinkt Alkohol, man trinkt Kaffee, man raucht. Man rennt in die Stadt zum Arbeiten, man hat keine Zeit, man ist per

Handy erreichbar, man ist in Facebooktwitterxing, man hat Stress. So geht es den meisten. Und deshalb werden die meisten auch nie herausfinden, was sie wirklich wollen.

Wer das herausfinden will, muss an die Basis seines Seins gehen. Und das ist überhaupt nichts Esoterisches, Spirituelles, Hochtrabendes, sondern ganz schlicht: Beobachten und fühlen, wie dein Körper und Geist arbeiten. Dann kommen Gefühl und Erkenntnis von alleine.

Es gibt ein paar außergewöhnliche Menschen, sie leben über New York, Berlin, Tokio und andere Megacitys der Welt verstreut, die »paleo« leben. Das Wort kommt von »Paläolithikum«, dem wissenschaftlichen Begriff für Altsteinzeit. Diese hypermodernen Städter – Programmierer, Designer, Kunsthandwerker, Musiker und Sportler – leben eine Zeitlang wie Urmenschen. Sie tragen im tiefsten Winter leichte Kleidung, machen extreme Kraftübungen – ohne Geräte – und essen Fleisch und rohes Gemüse, pflegen also einen Ernährungsstil, wie er vor der Einführung der Landwirtschaft vor gut 10 000 Jahren üblich war.

Die Folgen für ihr Wohlbefinden und ihre Gesundheit sind erstaunlich positiv und überraschen sogar viele Ernährungswissenschaftler. Der Paleo-Trend sorgt für Aufsehen, weil es diesen Menschen gelingt, selbst in der Betonwüste ihres Alltags eine Verbindung zu ihren Ursprüngen herzustellen. Reduzierung auf radikale Einfachheit und körperliche Anstrengung geben ihnen das Gefühl großer geistiger Klarheit. Sie wissen, was sie wollen und wo sie stehen. Diese körperliche Verzichterfahrung macht für sie Sinn.

Man ist per Handy erreichbar, man ist in Facebooktwitterxing, man hat Stress.

Sie sagen beispielsweise Dinge wie: »Ich bin vor dem Frühstück noch mal kurz in Shorts rausgerannt, habe ein paar Sprints gemacht und ein paar Felsbrocken gelupft. Jetzt fühle ich mich großartig, mein Geist ist glasklar und messerscharf.«

Ich bewundere diese Menschen, doch ich bin anders gestrickt. Ich bin ein gutes Beispiel dafür, dass Sinn universell und gleichzeitig ganz individuell ist. Denn ob du es glaubst oder nicht, ich bin oft und gerne ganz allein und habe meine Ruhe. Ich mache Yoga und … denke nach. Lasse meine Gedanken kreisen, kommen und gehen. Gerne steige ich dazu auch mal in die Badewanne. Hier und da mache ich mir eine Notiz. Dann döse ich wieder. Ist eine Sache lange genug in meinen Gedanken gereift, springe ich auf, setze mich an den Schreibtisch und arbeite sie aus. Wenn es sein muss, die ganze Nacht durch. Natürlich schalte ich auch bei meinem täglichen Training ab. Denn Sport gehört einfach zu meinem Leben wie Essen, Trinken und frische Luft.

Wie die Paleo-Leute brauche ich keine künstlichen Drogen wie Kaffee, Alkohol und Zigaretten. Wie willst du ein selbstbestimmtes Leben führen, wenn du drogenabhängig bist? Alle halbe Stunde vor die Tür musst, um eine zu rauchen. Koffein, Nikotin und Alkohol sind ziemlich heftige Nervengifte, deren Abbau den Körper viel Energie kostet und ihn dauerhaft schädigt. Ein schlimmer Nebeneffekt: Sie halten dich von dir selbst fern, von deinem Willen, von deinem Lebenssinn. Wer nicht raucht, keinen Alkohol und keinen Kaffee trinkt, fühlt sich zu jedem Zeitpunkt besser als Raucher, Trinker und Kaffee-Konsumenten. Jeder, der beide Seiten kennt, kann dies bestätigen.

Wie gut der Verzicht auf die scheinbaren Segnungen der Zivilisation tut, kannst du leicht und schnell herausfinden: durch Fasten. Fasten ist ein starkes Selbstbestimmungstraining. Eine Auseinandersetzung mit der eigenen Willenskraft. Mit dem eigenen Körper und seinen wirklichen Bedürfnissen. Du findest schnell heraus, wie wenig der eigene Körper eigentlich braucht. Wie sehr wir unseren Körper täglich vergiften.

Eine andere Möglichkeit, dem Willen und dem Lebenssinn auf den Grund zu gehen, ist Stille. Da gibt es Selbsterfahrungskurse, in denen es tagelang verboten ist zu sprechen. Zuerst kommt im Innern das ganze Chaos hoch, was für viele nur schwer auszuhalten ist. Dann irgendwann nach einigen Tagen setzt die große Klärung ein, der Geist wird wach und frisch, für viele eine ganz neue Erfahrung. Manche brauchen so einen Kurs, um aufzuhören, ständig dummes Zeug zu schwätzen.

Es geht auch einfacher. Wenn ich Ruhe brauche, bin ich manchmal tagelang einfach nicht erreichbar. Ich kappe dann temporär die Telefon- und E-Mail-Verbindungen zur Welt. Und die Einbahnstraßeninfos der Bad-News-Medien wie Radio, TV und Tageszeitungen habe ich für mich sowieso komplett abgeschafft. Nur so kann ich innerlich immer wieder zur Ruhe kommen.

Wer also von Sinnsuche schwafelt und jahrelang die Berufung in seinem Leben sucht wie Parzival den Gral, der sollte vermutlich einfach mal die Klappe halten, das Handy, die Kaffeemaschine, den Fernseher, den Computer ausschalten, die Kippen wegwerfen, rausgehen, sich bewegen und über sein Leben nachdenken. Ein paar Fragen, die dann fällig wären: Was erfüllt mich mit Freude und Glück? Wann empfinde ich Freiheit und Selbstbestimmung? Wie möchte ich wachsen und mich weiterentwickeln? Wie soll mein Leben in zehn Jahren aussehen?

Je nachdem, wie dick die zivilisatorische Kruste ist, dauert es kürzer oder länger, bis Kopf und Herz melden, was Sache ist. Je öfter du die Kruste abkratzt, desto einfacher und desto intensiver ist die Erfahrung. Ich mache das regelmäßig auf meine ganz eigene Weise, indem ich etwa über die Alpen renne. Und im Kleinen, indem ich jeden Morgen an der frischen Luft tief ein- und ausatme. Oder gelegentlich, indem ich meine Liegestütze oder Dehnübungen mache, egal ob ich gerade in der Abflughalle oder auf dem Marienplatz bin. Das ist meine Art, paleo zu leben.

Wer hat dich ausgebrannt?

Selbst wenn es um ihre Gesundheit geht, schaffen sich die Gesellschaftsspieler einen äußeren Anlass für ihr mangelndes Wohlbefinden: eine Krankheit. Statt sinnvoll und selbstbestimmt zu leben, haben sie Burnout. Oder stehen kurz davor. Das heißt, sie sind aggressiv, sie meckern, nörgeln, sind destruktiv, griesgrämig, unzufrieden, sie ziehen die Stirn kraus, ziehen die Mundwinkel nach unten, lassen die Schultern hängen, machen einen Buckel. Sie dröhnen sich voll mit schlechten Nachrichten, Nervengiften und den Problemen anderer. Sie schlafen zu wenig, bewegen sich zu wenig, essen zu viel. Und dann lamentieren sie, dass es ihnen nicht gutgeht, dass ihnen der Antrieb fehlt, und rennen zum Arzt.

Wenn sie wenigstens sagen würden: »Ich habe mich ausgebrannt.« Dann wäre das schon der erste Schritt zu einem neuen Leben. Aber von der Version »Ich bin ausgebrannt« ist es nicht weit bis zur Denke »Ich *wurde* ausgebrannt« – ja von wem denn?

Mein Schutzmechanismus ist: Treffe ich Meckerer, Griesgrame und ewige Nörgler, wechsle ich innerlich die Straßenseite. Denn sie wollen dir deine positive Energie nehmen, damit ihre eigene negative Energie ein wenig ausgeglichen wird. Sie leben von der positiven Energie anderer wie die Vampire vom Blut der Lebendigen. Sobald ich so einem Vampir begegne, ziehe ich mich zurück, möglichst freundlich, aber auch möglichst schnell. Meine Intuition sagt mir: »Achtung, Gefahr. Emotionaler Räuber voraus.« Schlüsselsatz: *Menschen in deinem Umfeld, die fremdbestimmt leben und nichts Sinnvolles tun, ziehen dich emotional und energetisch dauerhaft nach unten.* Oft ist das ein schleichender, unmerklicher Prozess, der Jahre dauert. Aber es geschieht.

Dein Leben ist immer ein Energiespiel. Die Frage ist stets, wer wen mitzieht. Ich will meine positive Energie leben. Je mehr Menschen ich dabei mitziehen kann, desto besser. Aber ich will nicht ständig nach unten gezogen werden. Genau das würde passieren, wenn ich täte, was die Vampire von mir wollen: Mitleid haben und Verständnis äußern. So sieht die Falle aus. Das sind wahre Mitleidsattacken und Verständnisanschläge. Anstatt aggressiv zum Gegenschlag auszuholen, zwinge ich mich dann, ruhig zu bleiben. Ich sage mir: Dieser Mensch lebt in seiner Welt. Er versteht nicht. Er kann nichts anderes sehen als seine Welt. Und ich kann ihn da nicht rausholen, solange er nicht will. Wenn jemand gegen die Wand laufen will ... lass ihn laufen!

Achtung, Gefahr. Emotionaler Räuber voraus.

Du erkennst diese Charaktere schon am Gesicht. Ab 40 wird das Gesicht zum Spiegel der Seele. Dann haben sich deine täglichen Gedanken und Emotionen fest darin eingegraben. Ich erkenne inzwischen schon beim Vortrag mit guter Treffsicherheit, welche Zuhörer glücklich, zufrieden und mit sich im Reinen sind und welche von innerem Frust, Ärger und Unzufriedenheit geleitet werden. Die Negativsten sind häufig diejenigen, die am Ende kritisieren und nörgeln. Versteh mich nicht falsch, ich schätze nichts mehr als sachliche Kritik. Bei guter Sachkritik hole ich Stift und Papier raus, um möglichst alles mitzuschneiden, was der Kritiker auszusetzen hat. Das ist für mich extrem wertvoll. Es gibt die Skeptiker, die offen sind. Wunderbar. Es gibt die, die mich verstehen, ohne einverstanden zu sein. Perfekt. Aber all die meine ich jetzt nicht.

Ich meine die Menschen, die sich nur darüber definieren, an allem rumzunörgeln. Die ihre Umgebung schwarz malen, um selbst als einigermaßen heller Fleck übrigzubleiben. Die wollen nichts ändern. Schon gar nicht ihr Leben. Sondern die wollen sein und bleiben, wie sie sind. Verbohrt und negativ. Und wenn diese Menschen dann davon sprechen, wie gestresst sie sind und kurz vor dem Burnout …

Die Sinnrendite

Dr. Ron Slaymaker hat keinen Stress. Sein Lebenssinn, den er sich selbst gesetzt hat: Er will für jeden eine Quelle der Freude, der Energie und der Inspiration sein. Das ist nicht nur sein inneres Feuer. Es strahlt aus ihm heraus. Wenn du ihn triffst, strömt dir seine Herzlichkeit, Freundlichkeit und Offenheit entgegen. Seine charismatische Persönlichkeit nimmt schnell den ganzen Raum ein. Slay ist nicht reich. Aber er ist innerlich sehr vermögend.

Ich habe lange mit ihm gearbeitet und kann mich nicht erinnern, ihn je streiten gesehen zu haben. Streiten, das gehört nicht zu seinem Lebensentwurf. Bei Konflikten fragt er sich: »Wie kann ich dir helfen, zu verstehen?« Sein Gegenüber bittet er höflich: »Hilf mir, es besser zu machen.« Enttäuschungen löst er einfach auf, indem er sich sagt: »Der Geist ist noch nicht reif. Die Zeit ist noch nicht gekommen.« Und so vergibt er. Auch sich selbst: »Ich habe getan, was ich konnte. Mein Bestes gegeben. Ist es nicht faszinierend, dass es nicht gereicht hat?«

Jahr für Jahr kommt er nach Bamberg zum Basketball-Sommercamp, ohne einen Cent dafür zu verlangen. Weil er damit seinen Lebenssinn erfüllt. Er weiß, dass er alles, was er den Spielern mitgibt, tausendfach zurückbekommt. Die endlosen und persönlichen Dankesbriefe und E-Mails, die er selbst Jahre später noch erhält. Botschaften der Dankbarkeit und Wertschätzung. Er weiß: Was er sät, das erntet er. Seine Art, Sinn zu geben, habe ich für mich übernommen. Auch mein Erfolg ist sein Erfolg. Und das weiß Slay. Deshalb ist er ein reicher und glücklicher Mann.

Vor vier Jahren wurde er in die Kansas Basketball Hall of Fame aufgenommen. Und wenn du mit ihm durch Emporia gehst, in Kansas, seiner Heimat, hast du keine zwei Minuten Ruhe. »Hey, Coach Slay!« – ständig wird er angequatscht von Menschen, die ihm ihren Respekt bezeugen oder dafür danken, was er ihnen gegeben hat. Wenn du mit ihm essen gehst, kannst du sicher sein, dass überall nur vom Feinsten aufgetischt wird. Die Menschen geben es ihm zurück, jeder auf seine Art, so gut er kann.

Dabei ist er einfach nur Basketballtrainer. Das ist die äußere Form, wie er seinen Sinn auslebt. Er wollte kein Schreihals sein, der hochgezüchtete Profis dressiert, sondern jemand, der den sportlichen Erfolg mit dem menschlichen verbindet. Slay ist ein Mensch, für den es keine Eile gibt. Der niemandem ins Wort fällt. Der mit jedem Menschen auskommt und immer eine gute Story auf Lager hat. Er ist kein Star. Und heute ist mir klar, warum. Wie hätte das denn gehen sollen? Er wollte es gar nicht. Er hat sich bewusst dagegen entschieden, groß rauszukommen. Ruhm und materieller Reichtum waren nie Teil seines Lebensentwurfs.

Warum bekommt einer wie Slay so viel Wertschätzung von seiner Umgebung? Warum ist die Rendite seines Lebenssinns so gut? Weil er so viel Talent hat? Weil seine Gene so gut sind? Oder weil er so viel Glück hatte und zufällig zur richtigen Zeit am richtigen Ort war?

Tenor des Bestsellers »Überflieger« von Malcolm Gladwell ist, dass Erfolg keine Frage des Talents ist. Hierin folge ich ihm. Sondern eine Frage von mindestens 10 000 Stunden Praxis und Übung. Hierin folge ich ihm auch. Außerdem eine Frage von Glück und Zufall. Darin folge ich ihm nicht. Die wirklich Erfolgreichen, die Glücklichen und Erfüllten, sind nicht jeden Tag aufs Neue am Ziel ihrer Wünsche, weil sie zufällig im richtigen Jahrgang oder Monat geboren wurden oder im richtigen Land zur Welt gekommen sind. Diese Menschen haben sich einfach nur dafür entschieden, ihrem Leben einen Sinn zu geben, und verfolgen ihn konsequent – die äußere Form, die sie diesem Leben geben, ist sekundär. Oder anders gesagt: Wäre Slay nicht Basketball-Coach in den USA geworden, sondern wäre er vor hundert Jahren in Indien zur Welt gekommen, dann hätte er eine andere Möglichkeit gefunden, seinen Sinn zu leben.

Ich halte die Augen stets auf nach Menschen, die ein sinnvolles Leben führen und die vier Sinn-Komponenten Glück, Freude, Freiheit und Wachstum verstanden haben.

Slay ist für mich in dieser Hinsicht ein Meister.

Als Unikat geboren – gestorben als Kopie

Die größten Versager sind für mich die, die nie gescheitert sind, weil sie nie etwas Großes probiert haben. Die immer nur so wachsen, wie andere sie schneiden. Nur tun, was andere schon vor ihnen gemacht haben. Sich alles vorkauen lassen. Nur gut finden, wo schon ein Etikett dranhängt: »Marke Nummer sicher – da weiß man, was man hat.«

Wo wir schon bei Marken sind. Ich fahre einen Opel. Den ultimativen Mittelmaßwagen. Opel ist das Blech, Glas, Plastik und Gummi gewordene Gesellschaftsspiel. Die Marke steht für nichts. Alleinstellungsmerkmal? Fehlanzeige. Das spüren ja sogar die Angestellten, die nur noch vom Ruhm vergangener Tage zehren können. Nicht dass die Autos schlecht sind. Ich weiß das, ich fahre ja einen. Alles ganz solide. Nur völlig gesichtslos. Mutlos. Dieser Wagen wagt nichts. Null Innovation. Keine Spur von einem eigenen Weg. Nichts Extravagantes, nichts Eigentümliches, nichts Originelles. Opel ist ja die Automarke mit den meisten Slogans – oder anders gesagt: Opel hat die Slogans mit der geringsten Halbwertszeit und darum mit der geringsten Wirkung. Ich hätte da mal einen Vorschlag, wenn in ein paar Monaten mal wieder ein neuer fällig wird: Opel – null Risiko.

Opel ist das Blech, Glas, Plastik und Gummi gewordene Gesellschaftsspiel.

Im Basketball hatte ich einen Trainerkollegen, der war wie mein Auto. Solche Mittelmaßmenschen schaden ja meistens niemandem. Könnte man meinen! Sie werden auf jeden Fall ihr Leben lang weder ihr eigenes Potential noch das ihrer Schützlinge entfalten. Deshalb ist so ein Mensch einfach ungeeignet für den Job. Trainer sind Vorbilder, Mentoren, Meister. Deshalb darf nie und nimmer ein Mitläufer Trainer werden! Dieser Trainer damals hat immer nur gemacht, was er bei andern gesehen hatte. Habe ich neue Wurfübungen ins Training eingeführt, hat er sie nachgemacht. Hat der Fitnesstrainer Kondition trainiert, hat er Kondition trainiert. Er hat sogar das gleiche System spielen lassen, ja selbst die gleichen Anweisungen gegeben wie ich. Er konnte gar nicht anders. Denn er hatte keine eigene Persönlichkeit. Ich gab ihm drei Jahre in dem Job. Insgesamt hat er es sogar fünf geschafft, dann wurde er aussortiert. Er konnte sich nicht auf dem Markt halten, weil er einfach null Profil hatte.

Opel-Autos gibt es überall. Schlimm sind die Traineropel. Genauso schlimm sind die Lehreropel. Und die Bankeropel. Nehmen wir die zuerst dran.

Der idealtypische Mitläufer im Job ist der Bankangestellte. Ich will nicht unfair sein: Die können nur einmal was dafür, nämlich an dem Tag, an dem sie den Arbeitsvertrag unterschrieben haben. Alles Weitere bringt der Job einfach mit sich. Denn der ist dermaßen reglementiert, dass du nur Vorgaben erfüllen kannst. Es ist hier nicht mehr so, dass Menschen eine Arbeit erledigen. Die Arbeit erledigt die Menschen. Ständig werden neue Finanzprodukte erfunden, die an Kunden verhökert werden müssen. Was sie da eigentlich verkaufen und wie das Produkt im Endeffekt wirklich funktioniert, wissen die wenigsten. Oder wollen sie es nicht wissen? Die Bank formt sich die Rädchen, die sie braucht, um sich Tag für Tag weiterzudrehen. Ticktack. Geht eines kaputt, wird es ersetzt. Wenn du Glück hast, gehst du von selbst, bevor der Job dich komplett ausgelöscht hat.

Wer mit Geld von der Bank eine Firma oder ein Haus bauen will, muss immer damit rechnen, dass es eines Tages dem Sachbearbeiter in den Sinn kommt, seine Zahlen fürs Jahresende aufzupolieren. Und dass er dir einfach den Hahn abdreht.

Diese Mitläufertypen sehen so ungefährlich und harmlos aus. Ihre Aggressionen sind einfach nicht sichtbar. Nicht mal für sie selbst. Sie fühlen nichts, wenn sie ein florierendes Business zertrampeln, weil sie den Liquiditätsengpass, der aufgrund zu schnellen Wachstums entstand, austrocknen, statt zu fluten, wie es der Sinn ihres Jobs wäre. Sie sagen: Wieso? Selber schuld, hätte der Unternehmer halt mehr Eigenkapital gehabt … Alles wird auf der Sachebene so gelöst, dass der Banker seine Schäfchen im Trockenen und die Weste blütenweiß behält. Hauptsache, die Kennzahlen stimmen.

Ein Banker, der dies hier liest, würde überhaupt nicht verstehen, was ich meine, und mir vermutlich Unkenntnis vorwerfen. Die Armen wissen leider gar nicht, was der Sinn ihres Jobs ist. Weil sie in solchen Kategorien nicht denken dürfen. Von oben wird das Gesellschaftsspiel durchgesetzt: Zahlen, Zahlen, Zahlen. Hauptsache, der Gewinn stimmt am Ende! Dafür brauchen sie den Kunden. Deswegen auch der Leitsatz: Der Kunde steht im Mittelpunkt. – Das haben die Kannibalen auch schon gesagt, als sie um den Kochtopf herumstanden und sangen. So schaut jeder auf die Zahlen und lässt sich von den Vorgaben gängeln. »Mir sind die Hände gebunden. Ich muss verkaufen.«

Das Vermögen von Privatleuten zu schützen und zu mehren und in das Wachstum von Unternehmen zu investieren, könnte eigentlich eine wunderbare, sinnvolle Aufgabe sein.

Noch wunderbarer und sinnvoller könnte die Aufgabe sein, junge Menschen zu unterrichten. Denn du kannst die nächste Generation unserer Gesellschaft positiv beeinflussen. Einer der erfüllendsten Berufe überhaupt. Es ist leider auch einer der gefährlichsten. Denn ihr Einfluss auf unsere Kinder ist enorm. Viele Lehrer – und ich habe einige getroffen in meiner Karriere als Schulredner – haben ihren Sinn komplett aus den Augen verloren. Sie wissen einfach nicht mehr, warum sie ihren Beruf ausüben. Sie reißen Stunde für Stunde, Tag für Tag und Schuljahr für Schuljahr runter.

Das ist schlimm! Von Noten, PISA-Rankings, neuen undurchsichtigen Reformen und Kultusministerium-Direktiven sind sie so verbrettert und vernagelt, dass sie häufig den Blick für das Wesentliche verloren haben. Sie sehen nicht mehr, dass jede Stunde 30 einzigartige Individuen vor ihnen sitzen, die vor Kraft und Potential schier platzen wollen. Die unser Land zum Blühen bringen würden, wenn man sie nur ließe, sie förderte und ihr Selbstvertrauen aufbaute. Stattdessen ist die Schule zu einer großen Traumvernichtungsanstalt geworden. Die bittere Lektion, die den jungen Menschen in dieser sinnbefreiten Zone erteilt wird, ist, dass sie im Leben nach ihren Fehlern beurteilt werden. Dieses Denken schleppen sie aus der Schule in ihr Leben.

In der Schule fragt niemand, wie es sich anfühlt, zu jenem Drittel der Schüler mit den meisten Fehlern im Diktat zu gehören. Oder wie es sich anfühlt, zum Klassensprecher gewählt zu werden. Die Emotionen kannst du als Schüler morgens beim Fahrradschuppen zusammen mit deinem Fahrrad abstellen und nachmittags wieder auflesen, wenn du zum Fußballtraining gehst. Du lernst: Was zählt im Leben, ist die Sachebene! ZDF: Zahlen, Daten, Fakten!

Wollte eine Regierung nachhaltig erfolgreich sein, müsste sie hier ansetzen. Den Lehrern wieder Freiraum geben, den eigenen Berufssinn zu leben, und das Schulsystem entsprechend reformieren.

Emotional pleite

Bei Politikern ist es wie bei Bankern und Lehrern: Es geht ihnen mehrheitlich nicht um den Sinn ihres Handelns. Dem Banker geht es um seinen Bonus, der an den Kennzahlen seines Kundenportfolios hängt, die andere für ihn definiert haben. Den Lehrern und Bildungsfunktionären geht es um Klassenstärken, Notenschnitte, Gymnasialquoten und PISA-Ergebnisse. Den Politikern geht es um Umfrage- und Wahlergebnisse, Koalitionsoptionen, Sitze in Parlamenten und Posten in Parteien, Regierungen und Ministerien.

Dabei wäre es so einfach: Wenn ich Firmenkundenberater bei einer Bank wäre, dann wäre mein Sinn der wirtschaftliche Erfolg meiner Kunden. Und wenn meine Chefs das nicht zuließen, würde ich kündigen und Unternehmensberater werden. Wenn ich Lehrer wäre, dann wären mein Sinn das Glück und die Erfüllung meiner Schüler im späteren Leben. Ob ein Lehrer gut war, kann ein Schüler erst zehn Jahre später wissen. Wäre ich Politiker, dann wäre mein Sinn, Rahmenbedingungen zu schaffen, in denen alle Menschen in Frieden und Harmonie miteinander leben und ihr Glück machen können. Weder Landtagswahl noch Wirtschaftskrise oder Regierungswechsel könnten daran etwas ändern.

Das Schlimme ist, dass du mit den Leuten nicht darüber reden kannst. Indirekt schon. Aber wenn du die Dinge direkt ansprichst und beim Namen nennst, werden die richtig sauer. Sie sagen: »Red net schlau daher. Mia hia in Bayern sind die Besten in der Pisastudie!«

Wenn du dann antwortest: »Die Pisastudie ist das Problem«, schwillt den Herren und Damen Pädagogen schnell der Kamm. Menschen ohne tieferen Sinn in ihrem Handeln sind aggressiv und werden persönlich. In der Diskussion verhalten sie sich gerne mal wie ein angezählter Boxer. Dass Erfolg – und was viel wichtiger ist: Erfüllung – auf der Sachebene der Rankings, Ratings, Studien, Quoten und Kennziffern nicht zu finden ist, wirst du einem vom Gesellschaftsspiel geprägten Menschen nicht beibringen. Sie haben vergessen, dass Erfolg im emotionalen Handeln liegt, nicht im Faktenwissen. Sie wussten es als Kinder. Doch wer seine ganze Ausbildung und sein Leben im Räderwerk deutscher Schulen und Universitäten verbringt, dem geht diese Erkenntnis unweigerlich verloren.

Das Ergebnis sind Lehrer, Politiker und Banker, die alles Fachwissen der Welt angehäuft haben, aber den Menschen nicht mehr sehen können. Schüler, Bürger und Kunden ekeln sie an, sie erreichen sie nicht mehr, sie fürchten sich vor ihnen. Und sie brechen reihenweise zusammen. Burnout ist die häufigste Ursache für Berufsunfähigkeit unter Lehrern. Was aber viel interessanter ist: Sie stellen die größte Berufsgruppe im Bundestag.

»Mia hia in Bayern sind die Besten in der Pisastudie!«

So, und jetzt breche ich noch eine Lanze für all die vielen Lehrer, die aus Berufung mit Herz und Hirn Lehrer sind. Es gibt sie, und sie sind lebende Sinnvorbilder. Mein Herz macht jedes Mal einen Hüpfer, wenn ich einen treffe. Sie lieben ihre Schüler und sie lieben ihre Arbeit. Vom Burnout sind sie so weit entfernt wie Pisa von Kiel. Und noch eine Lanze breche ich für die Banker, die mit Leib und Seele Banker sind, die ihre Kunden lieben und ein inniges, gesundes Verhältnis zum Geld haben. Die verkaufen, wenn sie verkaufen – und beraten, wenn sie beraten, und beides nicht durcheinanderbringen. Die integer und intelligent und interessiert sind, die sich Gedanken machen über ihre Aufgabe und die einen Sinn darin sehen. Und noch ein Lanze für die Politiker, die sich der Politik mit Verve verschrieben haben, weil sie gestalten wollen und die Verantwortung lieben. Sie kommen vor allem in der Kommunalpolitik vor. In den Parteien nach oben zu kommen schaffen sie fast nie, weil sie dazu viel zu integer und nicht egozentrisch genug sind. Aber dort, wo sie wirken dürfen, tun sie viel Gutes, und sie machen es sich nie leicht.

Banker, Lehrer und Politiker sind nur drei beispielhafte Berufe, die ich ganz plakativ herausgegriffen habe. Auch in meiner Zunft, bei den Rednern und Trainern, gibt es ganz grauenhaft sinnlose Existenzen. Die deutsche Wirtschaft produziert Manager, die Prozesse optimieren und den letzten Cent aus der Firma quetschen, aber den Arbeitern nicht mehr in die Augen sehen können. Wir haben Ärzte, die sogar Krankheiten kennen, die es gar nicht gibt. Aber Gefühlsbindung zum Patienten? Ohne Befund. Wir haben Wissenschaftler, die nicht mehr in der Lage sind, sich mit einem Kind zu unterhalten. Die Reduzierung der Menschen auf die bloße Sachebene ist das Problem unserer Gesellschaft. Jeder muss etwas werden, um jemand zu sein. Wir waren noch nie so reich. Wir waren noch nie so gebildet. Doch wir waren auch noch nie so arm. Noch nie so nah daran, emotional bankrottzugehen.

Kein Leben auf der Sachebene

Was all diesen Sachmenschen nicht klar ist: Alles, was der Mensch anpackt, tut er in der Hoffnung, sich dadurch auf diese oder jene Art zu FÜHLEN. Hinter jedem Ziel steckt eine

Emotion. Der Kopf konstruiert die Sachebene immer erst im Nachhinein. Mit den neuen bildgebenden Verfahren der Hirnforschung lässt sich das heute sogar nachweisen: Zuerst kommt die Emotion, dann der rationale Gedanke, der versucht, die Emotion zu erklären.

Du willst Zugehörigkeit fühlen. Also willst du dir den neuen E-Klasse-Daimler bestellen, denn das ist das Auto, das für dich die Gesellschaftsklasse symbolisiert, zu der du gehören willst. Nicht, dass du es zugeben würdest. Stattdessen argumentierst du ganz sachlich: Preis-Leistungs-Verhältnis, neue Umwelttechnologie, Sicherheit, Fahrleistungen, Design, Innenraumgestaltung, deutsche Firma, Wertstabilität … und was weiß ich noch alles.

Ehrlicher wäre, du würdest sagen: Der Mercedes ist für mich ein Statussymbol. Und mir ist es wichtig, den Status der gehobenen Mittelklasse zu repräsentieren. Ich will mich fühlen wie ein E-Klasse-Fahrer. Das habe ich mir erarbeitet und darauf kann ich stolz sein. Jetzt will ich, dass es jeder sehen kann. Denn mir ist wichtig, was andere von mir denken. Dafür, das Denken der anderen zu beeinflussen, bin ich sogar bereit, fünfzigtausend Euro auszugeben.

Plattgefahren wie ein Igel,
der zwei Wochen auf der Landstraße liegt.

Welche Emotionen dich antreiben, erfährst du, wenn du dir die Frage stellst: »Warum?« Ein Mann will befördert werden. Warum? Um Anerkennung zu bekommen? Wichtig zu sein? Ein anderer will eine Gehaltserhöhung. Um sich sicher zu fühlen? Die Familie besser versorgen zu können? Eine Frau will zwei Kinder. Warum? Um glücklich zu sein? Um Liebe zu spüren und weitergeben zu können? Eine Familie will ihr eigenes Haus. Warum? Weil ein Eigenheim Glück bedeutet? Sicherheit? Zufriedenheit? Oder Status? Unser Handeln ist IMMER

Emotion. Schlüsselsatz: *Alles, was du im Leben tust, tust du, weil du dich gut fühlen möchtest.*

Wir Menschen sind radikal emotionale Wesen. Wir sind abhängig von diesem Stoff, von dieser phantastischen Wunderdroge Emotion – von Liebe, Respekt und Zuwendung, Zugehörigkeit, Signifikanz und Sicherheit. Wenn ein Mensch das Gefühl hat, sich diese Emotionen im Alltag nicht ausreichend auf natürliche Weise erschaffen zu können, dann greift er zu Substituten wie Zigaretten, Alkohol, käuflicher Liebe und so weiter.

Unsere Welt ist Emotion pur – aber wir tun so, also ob sie Kopfsache sei: Wir lassen uns von den Zahlen der Börse leiten. Wir tun so, als ob wir unser Ego nach dem Kalkül des Marketings gestalten würden. Wir sehen keine Partner, sondern Konkurrenten. Wir konsumieren bizarre Fertiggefühle, die uns Revolverblätter und Castingshows in den Mund kauen. Wir sprechen kaum noch emotional. Damit sprechen wir nicht mehr über das Leben.

Es gehört zum guten Ton, zu Beginn eines Gesprächs zu fragen: »Wie geht es dir?« Doch achte einmal auf den Ton, in dem dich Menschen fragen, wie es dir geht – komplett emotionslos. Weil es nicht von innen kommt. Es ist eine Floskel, abgesunkenes Gefühlsgut, das auf die Sachebene eingedampft wurde. Plattgefahren wie ein Igel, der zwei Wochen auf der Landstraße liegt.

Lass uns mal offen sprechen. Du triffst jemanden und er fragt dich: Wie geht's? Du könntest sofort antworten: »Schlecht. Weil es DICH nicht die Bohne interessiert, wie es mir geht. Deine Frage ist nur Gesprächseinstieg. Sag mir, was du wirklich von mir willst.«

Doch ärgere dich nicht. Freue dich über die Menschen, die es ehrlich meinen. Du spürst es am Ton, daran, wie sie es sagen. Diese Menschen sind es wert, dass du dich weiter mit ihnen beschäftigst. Das ist das Tolle an Gefühlen – die verbindende Kraft. Denn Menschen mit Sinn füreinander erkennen sich immer.

In Bamberg habe ich mit einem Lehrer zusammengearbeitet, der für seinen Beruf lebt – ein Basketballer durch und durch. Er hat die Schulmannschaften betreut und das Schulturnier organisiert, von der Aufstellung der Teams bis zum Polieren des Schulpokals. Er ist jetzt 66 und könnte eigentlich auf Teneriffa in der Sonne braten. Doch statt in den wohlverdienten Ruhestand zu gehen, hat er bei der Landesregierung einen Antrag auf Verlängerung der Dienstzeit gestellt, was ihm für drei Jahre bewilligt wurde. Weil er seinen Beruf liebt. Weil er die Menschen liebt. Weil er an jedem Schultag seinen Sinn auslebt. Er gibt alles für andere. Und die geben ihm alles zurück.

Im ersten Stock wird er von johlenden Fünftklässlern umringt, im vierten Stock bitten ihn die jungen Damen vom Sport-Leistungskurs um Hilfe bei ihren Trainingsplänen für die Abi-Prüfung. Schüler sprechen ihn respektvoll mit seinem Spitznamen an: Dobro. Er ist mit jeder Faser seines Körpers Lehrer. Sieht er einen Referendar nach einem harten Tag mit hängenden Mundwinkeln und gebeugtem Rücken am Rande seiner Kräfte, legt er ihm die Hand auf die Schulter und erzählt ihm, dass auch er vor 40 Jahren einmal so über den Flur geschlichen ist – bis ein alter Dorfschullehrer ihm durch sein Vorbild gezeigt hat, was der Sinn des Lehrerberufs eigentlich ist.

Mission possible

Menschen ohne Willenskraft sind bedeutungslos. Das heißt: Sie bedeuten nichts für andere. Sie machen keinen Unterschied. Umgekehrt gilt genauso: Bedeutungslose Menschen haben keine Willenskraft. Wer sich für ein passives, fremdgesteuertes Leben entscheidet, für die Opferrolle, der wird leerer, immer leerer, der Wille wird immer kraftloser, und je länger das anhält, desto schwieriger wird es, die Willenskraft wieder zu aktivieren.

Ich erlebte diese völlige Leere zum Glück schon mit 19, am Ende meiner Karriere als Basketballspieler. Als ich die Diagnose erhielt, dass meine Wirbelsäule kaputt ist und ich nie wieder auf hohem Niveau spielen konnte, brach eine Welt für mich zusammen. Doch ich lernte, in dieser Situation etwas Neues anzufangen. Mir eine neue Identität zu geben. Einen neuen Sinn zu definieren, ihn aktiv zu steuern. Das war das größte Geschenk dieser augenscheinlichen Niederlage.

Als ich am Ende meiner Trainerkarriere stand, war die Diagnose eine andere: Ich hatte meinen Sinn verloren. Als Erstes merkten das meine Spieler. Ich ließ sie spüren, was die Uhr geschlagen hatte. Ich war aggressiv und aufbrausend, ein Nervenbündel. Aggressiv, wenn sie nicht gemacht haben, was ich wollte. Ungeduldig, wenn der Erfolg nicht so schnell kam, wie ich wollte. Wütend, wenn wir Spiele verloren hatten. In der Umkleide habe ich mit dem Finger auf die gezeigt, denen ich die Schuld dafür gab.

Ein guter Trainer ist nach außen aggressiv, ungeduldig und auch mal wütend – gegenüber der Öffentlichkeit, den Medien, wenn es sein muss gegenüber den Vereinsoberen. Damit schafft er für seine Spieler nach innen einen Schutzraum. Er lenkt die Angriffe der Öffentlichkeit auf sich, so dass die Mannschaft in Ruhe arbeiten und ihre Probleme lösen kann. An den besten Trainern der Welt kannst du das beobachten, im Fußball derzeit Magath, van Gaal und Mourinho. An Mourinho scheiden sich die Geister dermaßen, dass für die Journalisten keine Zeit mehr bleibt, sich das Maul über sein Team zu zerreißen.

Im letzten Jahr als Trainer war es bei mir genau andersherum: Meine Aggression richtete sich nach innen – und war zerstörerisch. Und diese Gefühle sind erst von mir abgefallen, als ich gekündigt habe. Ich war anschließend noch ein halbes Jahr Trainer, aber ab diesem Zeitpunkt war ich sofort komplett ruhig. Ich wusste nicht, was danach kommt. Aber ich wusste, dass ich die richtige Entscheidung getroffen hatte.

Mit der Erfahrung von heute hätte ich früher gemerkt, dass bei mir der Ofen aus ist: Der Spaß, die Freude waren plötzlich weg, das »Genießen« hat plötzlich gefehlt. Trainer zu sein war nur noch ein Beruf für mich gewesen. Keine Berufung mehr. Ich lebte davon. Nicht mehr dafür. Die Arbeit war anstrengend geworden. So wie für die meisten Menschen das Leben harte Arbeit ist.

Wenn du einem höheren Sinn folgst, dann trägt er dich weiter als bis zum nächsten Rückschlag.

Das bedeutet nicht, dass ein sinnvolles Leben immer eitel Freude und Sonnenschein ist. Einer meiner ersten Vorträge ist nach kaum zehn Minuten geplatzt. Ich stand vor gut 100 Leuten, der versammelten Belegschaft einer kleinen Firma. Schon bei der Begrüßung schlug mir die ›dicke Luft‹ entgegen, von der mir die Personalchefin am Telefon erzählt hatte. Das Unternehmen stand wirtschaftlich am Abgrund, und die Belegschaft hatte sich gegen das Management gestellt. Ich sollte den Versöhner geben, den Motivator, der alles wieder ins Laufen bringt. Nach meinen ersten Redner-Erfolgen glaubte ich, ich hätte den Mond aufgehängt, und war sicher, dass ich die paar Problemchen hier schnell vom Tisch putzen würde – anschließend Signierstunde mit Kaffee und Kuchen in der Werkskantine.

Am Abend zuvor hatte ich meinen neuen Vortrag fertiggemacht und bin einfach ohne zu üben auf die Bühne raus. Nach fünf Minuten merkte ich, dass mir kaum einer zuhört. Nach zehn Minuten äußerte ein erfahrener Mitarbeiter seinen Missmut über eine meiner Aussagen. Wenig später kam der nächste Einwurf: »Sie haben keine Ahnung, was hier bei uns abgeht.«

Ich wusste nicht, wie ich reagieren sollte. Und hatte komplett den Faden verloren. Die Unruhe im Publikum wurde immer größer. Nach gut zwanzig Minuten habe ich mit einer beleidigten Bemerkung »Wenn das hier keinen interessiert, dann kann ich ja gehen« den Vortrag abgebrochen. Eine peinliche Performance.

Heute weiß ich, was da falsch gelaufen war. Ich war damals mit der Situation menschlich und fachlich einfach überfordert. Wenn du so etwas erlebst und keinen Sinn für dein Handeln formuliert hast, hörst du auf und suchst dir einen anderen Job. Ich war fix und fertig. Habe an mir und meinen Fähigkeiten gezweifelt. Aber geschadet hat es mir längerfristig nicht. Im Gegenteil. Denn am folgenden Tag stand der nächste Vortrag auf dem Programm. Und den hab ich mit Wut im Bauch dermaßen gerockt, dass mir die 250 Zuhörer in der Würzburger Stadthalle Standing Ovations gegeben haben.

Nachdem ich meine Niederlage also in einen Sieg verwandelt hatte, habe ich mich hingesetzt und überlegt, was ich falsch gemacht hatte. Glaub mir, aus diesem missratenen Vortrag habe ich mehr gelernt als aus jedem anderen danach. Deinen Sinn erkennst du häufig daran, dass du bei Rückschlägen nicht aufgibst, sondern gestärkt daraus hervortrittst. Denn wenn du einem höheren Sinn folgst, dann trägt er dich weiter als bis zum nächsten Rückschlag.

7. Kapitel – Willenskraft

Wo ein Wille Wege bahnt, fragt keiner nach Talent

Diese Etappe ist der Hammer – volle Marathon-Distanz – und nicht nur ein, sondern zwei Gipfel über 2600 m. Der Killer ist aber dieses letzte leicht ansteigende Teilstück hoch nach Galtür. Meine Füße haben den ganzen Tag nur Waldboden und Schotter gespürt, bergauf, bergab. Doch die letzten 4 km auf der Geraden in das malerische Alpendorf sind die Hölle. Die Luft flimmert auf dem Teer, und dieser leichte Anstieg verbrennt die letzten Körnchen Energie in meinen Beinen. Seit Minuten spüre ich Heikos Hand an meiner Hüfte. Er läuft neben mir, schenkt mir etwas von seiner grandiosen Energie, schiebt mich mit in Richtung Ziel.
Ich sehe schon den Kirchturm, hier ist das Ziel. Doch davor liegen noch mal 700 m Kopfsteinpflaster, steil wie die Leiter zum Heuboden der Wiesneralmhütte, wo wir heute Mittag verpflegt wurden. Aus meinen Oberschenkeln kommen stechende Hilfeschreie – Kapitulation! Wir ergeben uns! Mein Körper will die weiße Flagge hissen, das Handtuch werfen, die Schuhe ausziehen und in den Wald schmeißen, nur noch liegen, atmen, die Augen schließen, regenerieren. Ich atme tief durch. Mein Laufschritt geht in einen gemütlichen Gang über.
Sofort höre ich Heiko: »Komm! Christian! Auf geht's! Das letzte Stück laufen wir auch noch!«

Ich antworte: »Kollege, entspann dich mal. Wir haben noch fünf Tage vor uns. Lass uns unsere Energie sinnvoll einteilen. Ich kann nicht mehr laufen. Ich muss hier hoch GEHEN!«
Also gehen wir. Ich bekomme überhaupt nichts mehr mit um mich herum. Bin so was von fertig. Zwinge mich die Steigung hoch. Wir überschreiten die Ziellinie, im wahrsten Sinne des Wortes »überschreiten« wir sie. Da fliegt mir meine Frau schon entgegen. »Ihr schon hier? Das ist eure beste Zeit bisher!«
Ich bin verblüfft. Ich lache sie an. Meine geschundenen Füße pulsieren wie Dampfhämmer, meine Knie zittern und meine Zunge klebt am Gaumen. Aber mir wird jetzt klar: Das war der dritte Tag! Das war der wichtigste Tag! Alle erfahrenen Läufer haben mir vor dem Transalpine Run die gleiche Erfolgsformel mit auf den Weg gegeben: Drei Tage braucht dein Körper, um sich auf die Belastung einzustellen. Mein Wille hat sich dieser ungeahnten Tortur nicht gebeugt! Und mein Körper hat mitgespielt.
Jetzt ist klar: Was die körperliche Belastung angeht, bin ich über den Berg. Wenn mir in den nächsten Tagen kein Stein auf den Kopf fällt oder ich in eine Schlucht stürze, kann mir nichts mehr passieren. Mein Wille ist auf der Siegerstraße – und er wird mich auch den Triumphbogen führen.

Wie Wille wirkt

So, hier sind wir. Dies ist das Herzstück des Buches. Hier fügt sich alles zusammen. Erinnere dich: Dein Gegenstück zum grausam öden Gesellschaftsspiel ist das lebendige Bewusstseinsspiel. Der Schlüssel dazu ist Selbstbestimmung.

Das waren die ersten beiden Kapitel. Im dritten ging es um den Fokus, der deine Lebensenergie auf deinen Glauben, deine Ziele und deinen Sinn lenkt. Glaube, Ziele, Sinn, das waren die Kapitel vier, fünf und sechs. Wobei ich mit Glaube nicht den religiösen Glauben meine, sondern deine Überzeugungen, Denkmuster und Lebensregeln. Hier, im siebten Kapitel, geht es um den Willen. Mit deinem Willen erfüllst du dein Leben. Er führt die Dinge ihrer Bestimmung zu: Dein Wille macht aus deinen Zielen Erfolge, aus deinem Glauben Glück und aus deinem Sinn Erfüllung. Erfolg, Glück und Erfüllung, das sind die nächsten drei Kapitel acht, neun und zehn. Am Ende resultieren daraus Freude, Dankbarkeit und Gelassenheit, darum geht es im letzten, dem elften Kapitel.

Die Kapitel des Buches folgen damit der inneren Struktur deines selbstbestimmten Lebens. Auf der nächsten Seite hast du das Schema. Sieht ganz einfach aus, oder? Soll es auch – obwohl es alles andere als leicht zu entwerfen war. Schlüsselsatz: *Alles, was im Leben spielend leicht aussieht, war einmal harte Arbeit, um es spielend leicht aussehen zu lassen.*

Die Abbildung ist für mich die Visualisierung des Kerngedankens dieses Buches, des Bewusstseinsspiels. Darin siehst du, dass der Wille genau zwischen den beiden Dreierebenen steht. Oben stehen Ziele, Glaube und Sinn. Unten stehen Erfolg, Glück und Erfüllung.

Ich bin der festen Überzeugung, dass es diese Dreiergruppen nicht einzeln gibt. Also: Du kannst nicht einfach aus einem Ziel einen Erfolg machen, ohne Glauben und Sinn. Auch der schiere Glaube an ein Glück wird nicht in Erfüllung gehen ohne konkrete Ziele und ohne Sinn. Genauso wird sich auch der Sinn deines Lebens nicht erfüllen, wenn du keinen Glauben hast und dir keine Ziele setzt.

Der Wille wirkt auf Body, Mind und Spirit, und nur wenn Körper, Kopf und Herz gemeinsam WOLLEN, wird ein harmonisches, erfüllendes Leben daraus. Dann wird sich ein Mensch

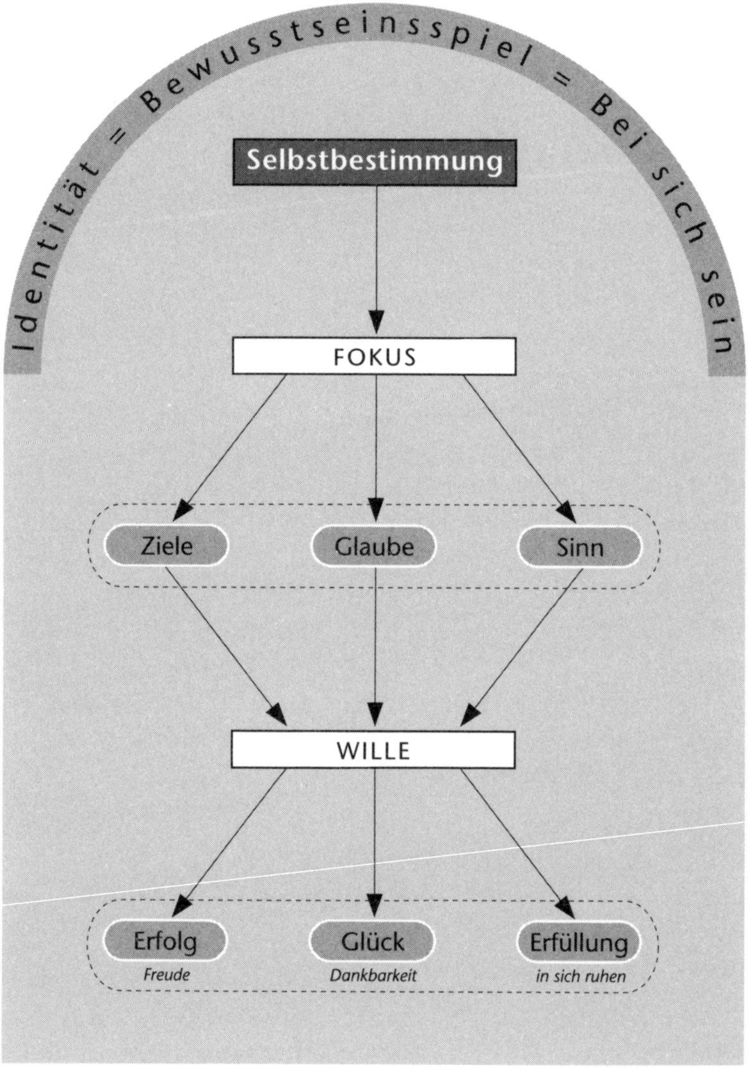
Identität = Bewusstseinsspiel = Bei sich sein
Selbstbestimmung
FOKUS
Ziele
Glaube
Sinn
WILLE
Erfolg
Freude
Glück
Dankbarkeit
Erfüllung
in sich ruhen

entwickeln, der Freude versprüht, der dankbar ist und in sich ruht.

Wie zum Beispiel der Mann, dessen Name »Der am Ast des Baumes zieht« bedeutet. Er war ungeduldig, ein Unruhestifter, der an dem Ast gezogen hat, der ihm nicht schnell genug gewachsen ist. Er wurde seinem Namen auf einzigartige Weise gerecht – und zahlte einen hohen Preis dafür.

Ich rede von einem der bedeutendsten Menschen der letzten hundert Jahre. Von dem südafrikanischen Hirtenjungen, Rechtsanwalt, Freiheitskämpfer, Häftling, Staatspräsidenten und Friedensnobelpreisträger Nelson Rolihlahla Mandela. 27 Jahre musste er als politischer Gefangener des Apartheidsregimes im Gefängnis Robben Island vor der kapstädtischen Küste und anschließend in zwei weiteren Gefängnissen Tag für Tag um sein Leben bangen. Ihm wurde alles genommen. Ihm wurde alles angetan. Trotzdem: Er wartete, und sein Wille war ungebrochen. Er wusste: Seine Zeit würde kommen.

Sie kam. Am 11. Februar 1990 befahl Staatspräsident Frederik Willem de Klerk die unbedingte Freilassung Mandelas. Noch am selben Tag hielt der vor 120 000 Zuhörern im Stadion von Soweto eine Rede, in der er zur Versöhnung aufrief. Er entwarf am Tag seiner Entlassung die Vision eines nichtrassistischen, demokratischen und geeinten Südafrikas und reichte seinen Peinigern von einst die Hand. Am Tag eins nach 27 Jahren ungerechter Haft! Das ist eine Lebensleistung, vor der ich in die Knie gehe. Seine friedvolle Energie hat triumphiert. Südafrika ist nicht in den Bürgerkrieg abgerutscht. Stattdessen feierte 2010 die ganze Welt die Fußballweltmeister-

---

Diese Grafik ist der zentrale Bestandteil dieses Buches, denn sie beschreibt unser aller Leben. Gerne gebe ich sie dir als Gratis-Zulage zusammen mit allen Schlüsselsätzen dieses Buches. Du kannst beides hier kostenlos herunterladen:

www.christian-bischoff.com/willenskraft

schaft in diesem freien, demokratischen Land. Und er war im Stadion – beim Finale!

Hunderte sind in den Gefängnissen der Apartheid zugrunde gegangen. Hatte Mandela ein besonderes Talent, dort zu überleben? Und wenn ja, wie sollte das denn aussehen? Hatte er Glück? War es Zufall? Nein, Talent oder Glück hatten nichts damit zu tun. Es war sein Wille, der ihn am Leben gehalten hat. Er hatte klare Ziele. Er hat fest an sich, seine Ziele und seine Mission geglaubt. Er war überzeugt davon. Das alles machte für ihn Sinn. Ziele, Glaube, Sinn.

Der Fokus seiner selbstbestimmten jungen Jahre hatte ihn auf diesen Weg geführt, und nur weil das Leben ihm einen Widerstand entgegensetzte und ihm mit der Gefangennahme eine Botschaft sandte: So nicht, Nelson! Noch nicht, Nelson! Nur deswegen ließ sich sein Körper noch lange nicht brechen. Nur deswegen ließ sich sein Geist noch lange nicht verwirren. Nur deswegen ließ sich sein Herz noch lange nicht aus dem Takt bringen.

Für mich ist der Lebensweg Nelson Mandelas ein Wunderwerk der Selbstbeherrschung, ein Triumph der Willenskraft. Dabei tritt die politische Leistung nach seiner Haftentlassung fast in den Hintergrund. Denn es ist einfach atemberaubend, dass er im entscheidenden Moment körperlich und geistig in der Lage war, die Befreiung Südafrikas zu vollenden.

Die Kraft seines Herzens kontrollierte nicht nur seinen Geist. Sondern auch seine Gesundheit. Er ist über 90, hat die Blüte seiner Jahre in Mangel und Entbehrung verbracht, und – schau ihn dir an! – er ist so wach und frisch wie ein 50-Jähriger. Bestimmt wird er 100 Jahre alt. Weil er es will.

Mögen hätt ich schon wollen …

… aber dürfen hab ich mich nicht getraut – sagte Karl Valentin. Genauso klingen die Ausreden der Fremdbestimmten. Aber ist es nicht eher Faulheit? Oder fehlender Biss? Viele Menschen halten Biss für die entscheidende Voraussetzung von Willenskraft. Nur wer sich quälen kann, hat einen Willen. Falsch. Es ist genau umgekehrt. Durchhaltevermögen, Härte und körperliche Belastbarkeit sind nicht Voraussetzungen für einen starken Willen. Sondern seine Folge. Wer Willen hat, hält Belastungen stand. Seine Gedanken sind ja auf etwas ganz anderes gerichtet – auf ein klares, sinnvolles Ziel, an das er glaubt. Wirkt der Weg zu diesem Ziel auf Außenstehende auch wie Schinderei, für den willensstarken Menschen sind es einfach nur ein paar Takte Arbeit. Willenskraft ist eine Eigenschaft selbstbestimmter Menschen. Denn mit ihrem Willen erreichen sie, was sie sich vornehmen.

In ihren Zielen wartet Erfolg auf sie. Wenn sie ihren Glauben leben, ist Glück die Folge. Um Erfüllung zu erlangen, setzen sie sich einen Sinn und leben ihn. Erfolg, Glück, Erfüllung: Wünschen alleine genügt nicht! »Wishcraft« ist Bullshit! Und das Universum nicht Amazon. Dein Wille muss dich ins HANDELN bringen. Du kannst dich nicht zurücklehnen. Die Willenskraft ist der Auslöser, das Zündkabel, der Funke, der dich voll ins Handeln bringt. Egal, ob es um das nächste Ziel auf deiner Liste geht oder die Umsetzung deines Glaubens. Und egal, was alle anderen sagen, selbst wenn sie dir Steine in den Weg legen oder dich zurückweisen. Schlüsselsatz: *Du kannst, was du willst.*

**»Wishcraft« ist Bullshit!
Und das Universum nicht Amazon.**

Wie sieht das konkret aus? Was bedeutet das, »Wollen«? Wollen heißt einfach: deinen Weg gehen. Dazu brauchst du Mut und Ausdauer und Konsequenz und Selbstdisziplin. Eins nach dem anderen:

Mutig sein heißt, den Weg ins Neue, ins Unbekannte zu gehen. Der Angst ins Auge zu sehen, sie zu akzeptieren und dann trotzdem den nächsten Schritt auf deinem Weg zu gehen. Ausdauernd sein heißt, das Ziel ganz klar vor Augen zu haben, auch in schlechten Zeiten – denn mit dem Ziel vor Augen hörst du einfach nicht auf zu gehen. Konsequent sein heißt zu bemerken, wenn es dich von deinem eigenen Weg abdrängt, und sofort gegenzusteuern, zurück auf deinen Weg. Selbstdisziplin bedeutet, jeden Tag das zu tun, was du tun musst, um deinem Ziel einen kleinen Schritt näher zu kommen.

Der Angst ins Auge gesehen habe ich erst neulich: Ich saß auf der Kante der Ausstiegsluke einer Cessna. Der Wind pfiff mir um die Ohren. Auf meinem Rücken hatte ich einen riesigen Rucksack voller Schnur und Fallschirmseide, und ich machte mir fast in die Cargo-Hose vor Angst, weil zwischen meinen Schuhsohlen und dem Kartoffelacker unter meinen Füßen vier Kilometer senkrecht gestapelte Luft lagen. Mein erster Fallschirmsprung! Ich habe mir einfach einen Ruck gegeben. Bin schreiend in die Angst hineingesprungen und ... es war einfach unbeschreiblich. Ich bin dankbar und froh, dass ich diesen Moment erleben durfte. Probier es aus. Erlebe deinen Mut. Spring in deine Angst hinein.

Mutig sein heißt aber nicht, blöd oder tollkühn zu sein. Es gibt zwei Voraussetzungen dafür, dass du die Angst, die in deinen Körper eingeschrieben ist, überwinden willst. Erstens: Dein Herz sagt »Ja!«. Zweitens: Dein Kopf sagt »Ja!«. Denn Mut lohnt sich nur dort, wo du auf deinem ureigenen Lebensweg bist.

Und Mut lohnt sich außerdem nur dort, wo das Risiko kalkulierbar ist. Du kannst dir die Statistiken anschauen: Wie viele

Fallschirme pro eine Million Sprünge entfalten sich nicht? Das mindert zwar nicht deine Angst, denn die ist keine Kopfsache. Aber ohne das Einverständnis deines kühl rechnenden Kopfes solltest du nicht versuchen, mutig zu sein, denn dein Leben ist dir etwas Heiliges.

Mut brauchte ich schon oft in meinem Leben. Als ich mit 19 wusste, dass ich nie mehr Basketball spielen werde, musste ich mir sagen: »Ich bin kein Spieler mehr! Aber ich werde Trainer!« Das hat mich eine gehörige Portion Mut gekostet. Die Ängste, die ich überwunden habe, waren die Angst vor dem Scheitern, die Angst vor der Blamage, die Angst vor dem Unbekannten, die permanente Frage: Bin ich gut genug? Wenn du als 19-Jähriger vor deiner Mannschaft stehst, deren jüngster Spieler vier Jahre älter ist als du, brauchst du bei jeder Übungseinheit Mut. Bei jeder Kritik und bei jeder Anweisung. Die Angst, nicht genügend Wissen, Akzeptanz und Autorität zu haben, war mein ständiger Begleiter. Diese Angst ist nur langsam verschwunden – mit der Erfahrung aus gemachten Fehlern, deren Korrektur und den ersten Erfolgserlebnissen. Nichts geht von heute auf morgen. Nachdem ich eine ganze Saison lang meiner Angst täglich ins Auge geschaut habe, konnte ich mit ihr umspringen wie Siegfried & Roy mit einem weißen Tiger auf der Bühne in Las Vegas.

Aber du weißt ja, was den beiden legendären Entertainern passiert ist: Nach 30 Jahren auf der Bühne erlitt Roy am 3. Oktober 2003 einen leichten Schlaganfall mitten in der Show und brach zusammen. Sein Tiger Montecore spürte instinktiv, dass es Roy nicht gutging, und packte ihn vorsichtig im Nacken, wie es Tiger mit ihren Babys tun, schleifte ihn von der Bühne, aus dem »Gefahrenbereich«, und legt ihn liebevoll dahinter ab. Leider verletzte der Tiger Roy dabei so schwer an der Wirbelsäule, dass er seitdem teilweise gelähmt ist und nie wieder auftreten kann. Anders als ein Tigerbaby kann man einen Menschen eben nicht am Nackenfell hochheben, da ist kein Fellpolster, die Wirbelsäule liegt praktisch frei. Damit will ich nur eins sagen: Es passieren immer wieder völlig unvorhersehbare Dinge. Risiken sind eben Risiken, sie lassen sich nie zu hundert Prozent ausschließen. Du kannst Dinge 15 000 Mal tun und alles geht gut, so wie bei Siegfried & Roy – beim 15 001. Mal passiert dann etwas noch nie Dagewesenes, das deine ganze rationale Gefahrenkalkulation über den Haufen wirft. Dennoch: Lass dich von deiner Angst nicht aufhalten. Siegfried & Roy würden rückblickend in ihrer Karriere sicherlich alles wieder ganz genauso machen.

Wollen heißt nicht nur mutig sein, sondern auch ausdauernd sein: Ich wollte unbedingt mit Mike Kryszewski arbeiten, Coach der Duke University, Chef der US-Nationalmannschaft und der vielleicht weltbeste Basketballtrainer. Dafür war ein wenig Ausdauer nötig. Fünf Jahre, um genau zu sein. Ich habe ihm alle zwölf Wochen einen Brief geschrieben und ihm neue Gründe dafür genannt, warum er mich als Assistent in seinem berühmten Sommercamp braucht. Im ersten Jahr kam überhaupt keine Antwort. In den folgenden Jahren kamen Standardantworten von seinen Mitarbeitern – »Danke für dein Interesse, kein Bedarf.« Man kannte mich halt nicht. Als ich im vierten Jahr mein Abo aus den USA mit dem Briefkopf der Duke öffnete, war auf dem Computerausdruck eine handschriftliche Notiz. »Maybe next year, Sorry. Coach K« – Jetzt wusste ich: Ich bin ganz nahe dran! Coach K war auf mich aufmerksam geworden. Da hatte ich die entscheidende Idee …

Slay kannte Mike aus alten Zeiten. Ich bat ihn um ein Empfehlungsschreiben an Mike Kryszewski. Slay nickte lächelnd und griff sogar zum Hörer. Sechs Wochen später stand ich am Briefkasten und hielt eine freundliche Einladung für einen Sommer mit Coach K in der Hand. Diesen Moment werde ich nie vergessen.

Ausdauer heißt manchmal, so lange mit dem Kopf gegen die Wand zu rennen, bis sie nachgibt. Manchmal aber auch, einen anderen Weg zu suchen, etwas Neues zu probieren, um die Wand zu umgehen. Auf jeden Fall bedeutet Ausdauer, genau so lange dranzubleiben, bis dein Ziel erreicht ist. Keine Sekunde kürzer.

Mut, Ausdauer ... Wollen heißt außerdem, konsequent zu sein. Besonders als Trainer brauchst du eine für jeden nachvollziehbare, konsequente Linie. Ich musste permanent zeigen, wofür ich stehe, wo mein Weg verläuft. Vor allem aber: wofür ich nicht stehe und wo mein Weg nicht verläuft! Gerade in der Führung junger, talentierter Profi-Spieler musst du Kante zeigen. Sonst tanzen dir die verwöhnten Möchtegern-Superstars ganz schnell auf der Nase rum. Ich musste das bei einem sehr wichtigen und sehr talentierten Spieler tun, als wir in den Playoffs um die Deutsche Meisterschaft standen. Der Junge war ein hochgeschätzter Schützling von Bundestrainer Dirk Bauermann. Im ersten Viertelfinalspiel aber spielte er wie ein Esel. Viel zu lässig und ohne Einsatz. Er ließ das Team im Stich. In der Halbzeitpause habe ich ihm den Kopf gewaschen: »Entweder du spielst nach unseren Regeln oder wir spielen ohne dich weiter. Wer nicht macht, was wir besprechen, ist raus.« Doch Mister Superstar meinte wohl, er stünde über allen anderen im Team, und spielte zu Beginn der zweiten Hälfte genauso weiter.

Das habe ich mir exakt 120 Sekunden angeschaut. Und ihn dann für den Rest des Spiels auf die Bank gesetzt. Er spielte die beleidigte Leberwurst. Sein Ego blähte sich auf wie der Kehlsack eines Froschs zur Paarungszeit. Doch das Team verstand. Wer sich nicht an die Abmachungen hält, ist raus, ohne Rücksicht auf Namen und Herkunft. Die Mannschaft reagierte richtig, trotzdem haben wir verloren. Am Abend rief mich Bundestrainer Dirk Bauermann an und äußerte sein Unverständnis für meine Entscheidung. Richtiggehend angepampt hat er mich, und wir hatten ein – nun ja – intensives Gespräch. Aber weißt du was? Im Rückspiel eine Woche später war aus dem störrischen Esel ein Rennpferd geworden. Er hatte seine Lektion gelernt, war mit vollem Einsatz bei der Sache, warf Punkt um Punkt, traf mit der Halbzeitsirene sogar von der Mittellinie und spielte uns beinahe im Alleingang ins Halbfinale.

Zum Wollen gehört außerdem noch Disziplin – heißt: jeden Tag etwas zu tun, um dahin zu kommen, wo du hin willst. Disziplin ist einfach eine Angewohnheit, eine Eigenschaft selbstbestimmter Menschen, aber nicht von Geburt an. Das bedeutet: Selbstdisziplin kannst du lernen und trainieren. Am schnellsten lernst du Disziplin, wenn du fastest. Denn dabei musst du alle ungesunden Gewohnheiten durchbrechen. Das schaffst du nur mit Disziplin. Hast du es aber einmal zwei Wochen geschafft, siehst und fühlst du am eigenen Körper, wie sehr Disziplin deine Lebensqualität verbessert. Disziplin heißt aber auch, den Weg der kleinen Schritte zum Ziel zu lernen. Zu verstehen, dass du jeden einzelnen der vielen tausend kleinen Schritte gehen musst.

Ich habe Selbstdisziplin gelernt, als ich mit zwölf Jahren mit meinem Vater eine Radtour quer durch Frankreich gemacht habe. Vom Saarland aus an den westlichsten Zipfel Frankreichs, tausend Kilometer in zwölf Tagen, jeden Tag fast hundert Kilometer in Richtung Ziel. Diese Disziplin nutzt mir noch heute. Gerade in diesem Moment. Ich habe mir das Ziel gesetzt, dieses Buch zu schreiben. Und weil heute dieses Kapitel dran ist, bin ich gestern von Hamburg zurück nach Hause gefahren. Mein Firmenseminar dort war um 22:00 zu Ende, und ich hätte mir auch ein Hotelzimmer suchen und gemütlich ausschlafen können. Anschließend Toast, Rührei mit Speck und ein schönes Glas frischgepressten Orangensaft vom Frühstücksbüffet. Aber ich habe mich ins Auto gesetzt, Gas gegeben und bin heute früh um 03:15 angekommen. Ich habe mir den Wecker auf 07:00 gestellt, geduscht, gefrühstückt, und jetzt ist es 07:30, ich sitze an meinem Schreibtisch und tippe diese Zeilen.

Wünsch dir was?

Es gibt ein jahrtausendealtes Gesetz, das erklärt, wie unser Leben funktioniert: Es ist das Gesetz der Resonanz.

Diesem Gesetz gemäß zieht jeder Mensch aufgrund seiner Ausstrahlung, seines Denkens, Sprechens und Handelns diejenigen Menschen und Ereignisse an, die mit ihm auf einer Schwingungsebene stehen. Sprich: die mit ihm in Resonanz sind. Wir suchen andere, deren Energie unsere Wellenlänge hat. Das ist auch der Grund, warum negative Menschen häufig nur Motzer, Pessimisten und Nörgler als Freunde haben. Denn das Gesetz der Resonanz funktioniert in beide Richtungen: positiv und negativ. Das Leben sagt immer ja zu dir. Das ist auch der Grund, warum die erfolgreichen Menschen immer erfolgreicher werden. Und warum einem Menschen, der sein ganzes Leben schon Pech hat, auch das nächste Missgeschick passieren wird. Solch ein Mensch denkt nämlich den ganzen Tag: »Dass mir bloß kein Missgeschick passiert!« Die Wörter »nein«, »nicht«, »kein« versteht das Universum leider nicht, sodass dort »Dass mir bloß ein Missgeschick passiert!« ankommt. Peng – tritt dieser Mensch in die nächste Scheiße rein.

Doch wie das so mit Gesetzen ist – sie werden häufig missbraucht. Es gibt Menschen, die stellen sich vor ihre Zuhörer hin und erzählen ihnen: »Ich hab mir gewünscht, dass ihr alle kommt. Und schon seid ihr da!« – Wow! Was zu beweisen war …

Diese Wunschpastoren predigen: »Stecke deine Energie nur lange und fest genug in einen Wunsch, und Peng, Bingo, Simsalabim wird er dir erfüllt!« – Das Leben ist also ein Wunschkonzert … Natürlich, die Leute hören, was sie hören wollen. Für mich klingt das alles so wie bei dem Mann, der seit zwei qualvollen Wochen Verstopfung hat. Er kriecht wimmernd auf allen vieren zum Arzt und der Mann im weißen Kittel eröffnet ihm mit einem charmanten Lächeln: »Du musst es nur wollen.«

Wenn das so ist, dann wünsche ich mir, dass mir ab sofort die köstlichsten Speisen, die teuersten Weine und die lieblichsten Nachspeisen direkt in den Mund fliegen, während ich morgens faul im Bett liegen bleibe! Hallo??? Du musst schon deinen Arsch heben und diese Dinge einkaufen, zubereiten und servieren, bevor du sie essen kannst. Wenn du so leben möchtest, musst du dir erst mal die entsprechende finanzielle Grundlage erschaffen, um dir das leisten zu können. Du siehst, worauf ich hinauswill. Nicht nur wünschen, sondern eine Kombination mit entschlossenem HANDELN ist entscheidend. Schlüsselsatz: *Dein Wunsch und dein fester Glaube formen deine Erwartung – aber nur deine Erwartung PLUS entschlossenes Handeln lassen den Wunsch Wirklichkeit werden.*

Dass auch diese wunschkräftigen Rednermagier mitunter zwanzig Jahre hart an ihrem Erfolg gearbeitet haben – als Schauspieler, als Buchautoren und als Redner –, verschweigen sie. Sie setzen die Menschen ganz bewusst einer Illusion aus. Denn die unbequeme Wahrheit, dass auch die schönsten Träume nur Schäume bleiben, wenn du nicht mutig, ausdauernd, konsequent und diszipliniert handelst – das verschweigen diese Scharlatane des Universumbestellwesens ihren Zuhörern. Das Perfide an dieser Art von romantischer Lebenshilfe: Wenn es nicht klappt mit deinem Wunsch, ist die Schlussfolgerung: Da hast es dir eben nicht kräftig genug gewünscht! Vermutlich hast du gezweifelt. Du bist als Wünscher eben nicht gut genug! So wendet sich das Heilsprinzip gegen die zu Heilenden. Die Leute mit schwachem Selbstbewusstsein und angeschlagenem Selbstvertrauen werden von den Versprechungen der Wunschkonzertdirigenten magisch angezogen. Doch anstatt ihren Selbstwert aufzubauen, sabotieren sie ihn noch mehr: Es kann doch nur an dir selbst liegen, wenn dein Wunsch nicht in Erfüllung geht! Das Selbstvertrauen sackt noch weiter ab, die Abhängigkeit von den Predigern wird noch größer. Diesen zerstörerischen Mechanismus, der gleichzeitig den Erfolg der Bewegung garantiert, hat die Wunschszene mit Sekten gemein.

Das Gesetz der Resonanz spricht von Energiefeldern, die wir ausstrahlen. Ja, das ganze Leben ist ein Energiespiel. Häufig beeinflusst derjenige, der die stärkere Ausstrahlung hat, sein Gegenüber. In unseren regelmäßigen Trainerbesprechungen in Bamberg saß auch häufig ein Kollege, dem ich sowohl fachlich als auch von der Erfahrung her deutlich überlegen war. Trotzdem konnte er in hitzigen Diskussionen seine Ideen fast immer durchboxen. Warum? Weil er eine Rampensau war, weil er ein unglaublich kraftvolles und überzeugendes Auftreten hatte. Er war in der Lage, seine Überzeugungskraft und Energie zu fokussieren und auf andere zu übertragen. Wir alle bekamen das zu spüren, sind auf seiner Wellenlänge mitgeschwommen und haben uns überzeugen lassen. Dass die meisten seiner Vorschläge nicht erfolgreich waren, spielte keine Rolle. Sein Charisma hat seine Erfolglosigkeit einfach ausgestochen.

Ich kenne das Gesetz der Resonanz und weiß, wie ich es bewusst zum Wohle anderer einsetzen kann. Denn als Redner gehört das zu meinem Handwerkszeug. Der Sinn meines Tuns ist, die Menschen zum Positiven zu bewegen. Ich stehe für Energie und Power und möchte sie auf mein Publikum übertragen. Wer die Antennen einfährt und sich sperrt, den kann ich natürlich nicht erreichen. Selbst wenn ich mich auf ihre Wellenlänge einstelle. Aber gemeinsam mit denen, die offen durchs Leben gehen und bereit für neue Gedanken sind, erreiche ich ein höheres Energieniveau.

Das ist im Basketball nicht anders. Selbst wenn du zur Pause 25 Punkte hinten liegst, merkst du manchmal, wenn es in einer Halbzeitansprache bei den Spielern Klick gemacht hat. An ihrem Blick, an ihrer Haltung, wenn sie zurück aufs Feld gehen, voll Kraft, Wille und Biss, weil du ihnen eine neue, erfolgversprechendere Strategie mit auf den Weg gegeben hast. Und dann drehen die Jungs so ein Spiel. Weil Mannschaft und Trainer gemeinsam ein höheres Energieniveau erreicht haben. Dazu musst du wollen. Und ob du wirklich willst, erkennst du an deinem Handeln. Allein mit einem Wunsch wirst du nie im Leben dein nächstes Level erreichen.

Willensmacht

Denk jetzt bloß nicht, dass Wünsche nicht wichtig wären. Aber sie sind eben nur, was sie sind. Nicht dein Wunsch, sondern dein Wille ist der Motor, der dich in Bewegung setzt und ans Ziel bringt. Der Wunsch ist der Zündschlüssel. Notwendig, aber nicht hinreichend.

Wie kommst du also nun in Fahrt? Mit der Frage »Was will ich wirklich?«. Stellst du sie, flüstert dir dein Herz deine Wünsche zu. Dein Verstand formuliert dein Ziel. Liegt das erst einmal vor deinen Augen, bringt dein Wille dich hin. Und manchmal schickt das Leben dich über Umleitungen, oder dein Wunsch erfüllt sich, aber anders als ursprünglich geplant.

Ich wollte schon immer Sportprofi werden. Erst Fußballprofi, aber dafür war ich zu groß. Dann Tennisprofi, aber dafür war ich zu schwer und zu langsam. Also bin ich beim Basketball gelandet. Das war eine logische Folge, Topf sucht Deckel, irgendwann passt es einfach. Im Basketball sind Größe und Gewicht nicht essentiell, aber von Vorteil. Hatte ich ein besonderes Talent? Nicht, dass ich wüsste. Am Anfang torkelte ich sogar ziemlich unbeholfen herum, weil meine Koordination mit meinem Wachstum nicht Schritt halten konnte. Aber egal: Ich wollte einfach Basketball spielen. Der Sport hat mich von klein auf gelehrt, dass der Weg da ist, wo ein Wille ist.

Steve Jobs, Gründer von Apple, hat als Junge Spielzeugpfeifen verkauft, mit denen man im amerikanischen Telefonnetz umsonst telefonieren konnte. Er wollte eine Firma. Er WOLLTE sie. Selbst als er sie zwischendurch verloren hatte, weil er aus der Firma gedrängt worden war, wollte er sie noch immer. Er bekam sie wieder zurück, als sie am Boden lag. Er wollte sie einfach – heute ist Apple die wertvollste Technologiefirma der Welt.

Ich bin kein Müsser und kein Könner, sondern nur ein Woller.

Als ich meinen Sport gefunden hatte, ging's Schlag auf Schlag. Ich wollte in die Jugend eines Bundesligateams – ich habe es geschafft. Ich wollte in der Jugendnationalmannschaft spielen – ich habe es geschafft. Ich wollte ein Sportstipendium in den USA – ich habe es geschafft. Dann wollte ich Profi werden … Fehlanzeige! Weil meine Wirbelsäule schwächer war als mein Wille. Also habe ich meinen Weg geändert und bin nicht Profispieler, sondern Profitrainer geworden. Also habe ich es schlussendlich doch irgendwie geschafft.

Du kannst lernen, was ich gelernt habe: Ich schaffe, was ich will. Dabei bin ich weder Super- noch Spider- noch Batman und habe auch keine raddampfergroße Wunscherfüllungsmaschine im Keller. Ich bin auch kein Glückspilz oder mit irgendwelchen finsteren Mächten im Bunde. Allein der Wille macht den Unterschied. Nicht nur im Job. Ich wollte mit dem Rad quer durch Frankreich, durch Deutschland, durch Amerika. Ich wollte den härtesten Marathon der Welt laufen, und ich wollte über die Alpen laufen. Ich habe alles geschafft. Alleine, weil ich es wollte. Ich bin kein Müsser und kein Könner, sondern nur ein Woller.

Wenn deine innere Stimme sagt: »Ich will, dass ein Picasso über meinem Bett hängt« – wunderbar! Du hast einen Wunsch, du hast ein Ziel! Die Welt liegt dir zu Füßen. Du bist ein Mensch voller Ideen und Kraft. Glaube an dich. Das Geld liegt auf der Straße. Aber bücken muss man sich schon selbst! Wenn du wirklich einen Picasso willst, wirst du auch die 25 Millionen verdienen, um dir einen zu kaufen. Und so ein Wunsch ist nicht der schlechteste Antrieb für ein erfülltes Leben!

Was wir wollen, ist möglich.

Jeder Mensch ist Abbild eines unendlich mächtigen und großartigen Wesens. Wir müssen nur einen Gedanken fassen und können ihn Wirklichkeit werden lassen. Was wir wollen, ist möglich. Keine Macht auf Erden ist stärker als die grenzenlose Kraft, die uns verliehen ist. Wille überwindet alles. Dumm nur, dass dir diese Überzeugung abtrainiert wurde, seit du ein Kind warst. Deine innere Größe ist dir fremd geworden. Doch du kannst sie wiedererlangen. Dazu musst du sie selbst erleben. Das Saatkorn ist in dir – dein Selbstvertrauen und dein Selbstbewusstsein. Die Erde, auf die es fällt, sind deine Taten.

Dick Hoyt ist inzwischen über 60. Mit seinem Sohn Rick hat er als Team den härtesten Ironman der Welt auf Hawaii geschafft: 3,86 km Schwimmen, und zwar im Meer. 180 km Radfahren. 42,195 km Laufen. Alles direkt hintereinander weg. Die Besten der Welt schaffen das in acht bis neun Stunden. Dick und Rick haben allerdings ein Handicap: Rick wäre bei seiner Geburt 1962 fast erstickt. Als Folge seiner Sauerstoffunterversorgung ist er komplett gelähmt – Quadriplegie und infantile Zerebralparese, wie ein Arzt das formulieren würde. Du fragst, wie das gehen soll? Dick krault mit Rick in einem Spezialschlauchboot im Schlepptau durch den Pazifik – eine Strecke, so lang wie gute 155 Bahnen im Hallenbad. Anschließend fährt er ihn auf einem Spezialrad über die Schildvulkane Hawaiis – eine Strecke etwa wie von Frankfurt nach Köln. Abschließend schiebt er ihn eine komplette Marathondistanz auf dem Asphalt im Rollstuhl vor sich her – eine Strecke von über hundert Stadionrunden. Über die Ziellinie hat die beiden nach über sechzehn Stunden mitten in der Nacht der frenetische Jubel der Zuschauer getragen.

Für diese übermenschliche Leistung braucht Dick »nur« einen gewaltigen Willen, der einem einzigen Motiv entspringt: der Liebe. Wie groß der Wille ist, den Liebe gebiert, beweist das Team Hoyt: Denn erst im zwölften Jahr, bei ihrer zwölften Teilnahme haben die beiden ihr großes Ziel erreicht: ankommen!

Und was hat nun Talent mit alledem zu tun? Nichts.

8. Kapitel – Erfolg

Wenn du auf die Schnauze fällst, küsse den Stolperstein

Hechelnd stemme ich mich die letzten Meter zur Friedrichshafener Hütte hoch. Das ist die letzte Verpflegungsstation vor dem Ziel der dritten Etappe. Als ich mir meine Bananen schnappe, sehe ich zwei Läufer vor der Hütte auf der Bank sitzen. Die Füße lässig auf dem Tisch, jeder ein kühles Glas Weißbier vor sich. Es sind Matthias und Chris, die Vorjahres-Zweiten. Dieses Jahr laufen sie auf Sieg und haben schon einen guten Vorsprung.
»Hey, ihr zwei, prost! War's euch unten im Ziel zu langweilig? Seid Ihr noch mal hochgelaufen?«, rufe ich fröhlich hinüber.
Ich mag die beiden Allgäuer, echt gute Typen. Doch da sehe ich auch schon ihre langen Gesichter und die dicke Schwellung an Matthias' Fuß. »Nee, Christian. Wir waren noch gar nicht unten. Umgeknickt – wir sind raus.«
Das ist bitter. »Raus!?« Ich krieg den Mund gar nicht mehr zu.
Das ist der Transalpine Run. Alles Teil der Prüfung. 250 000 Schritte. Geht einer daneben, waren alle zuvor umsonst.
»Halb so wild, Christian. Nächstes Jahr greifen wir wieder an!«, ruft Matthias, als ich den beiden zum Abschied winke. Vorsichtig setze ich meine Schritte bergab, einen Fuß vor den anderen.

Scheitern für Dummies

Ein strahlender Sonntagmorgen im Juli 1990. Ich stehe auf dem Tennisplatz und platze gleich vor Spannung. Vor fünf Jahren hat Boris Becker Kevin Curren geschlagen und als jüngster Spieler Wimbledon gewonnen. Ich hatte das Finale damals gebannt im Fernsehen verfolgt und während der Siegerehrung gerufen: »Mama, ich will Tennisprofi werden.«

Keine zwei Wochen später stand ich mit einem Tennislehrer auf dem Platz. Heute sind die Jugendbezirksmeisterschaften, und ich spekuliere auf den Titel. Seit mehreren Jahren trainiere ich fast täglich. Keine Stunde später liegen die Trümmer meiner Hoffnung in der roten Asche. Ein zwei Jahre jüngerer Spieler hat mich einfach zum Frühstück verspeist – 3:6, 1:6. Ich bin schon in der Vorrunde ausgeschieden, sitze zusammengesunken neben meinem Vater am Rand des Spielfeldes und kämpfe mit den Tränen.

Er legt den Arm um mich. »Christian – ich bin stolz darauf, wie du deine Ziele anpackst. Ich weiß, du willst Profi werden. Aber wie groß ist die Wahrscheinlichkeit, dass du mit dem Tennisschläger eines Tages zu den Besten der Welt gehören wirst? Lass uns mal überlegen, ob das der richtige Sport für dich ist …«

So hat er den Druck von mir genommen. Und mir gezeigt, dass ich auf dem Weg zum Profi-Sportler nicht gescheitert bin, sondern einfach nur den Wink richtig verstehen musste, den mir das Leben gegeben hatte. Und dass ein Rückschlag das notwendige Sprungbrett für zukünftige Erfolge darstellt. Aber niemals darf er deinen Willen brechen.

Was ist denn ein Rückschlag, bitte? Wenn ein dreizehn Monate altes Kind nach den ersten Schritten hinfällt, ist das dann ein Rückschlag? Ist dieses Kind vom Laufenkönnen durch den Sturz auch nur einen Millimeter weiter entfernt? Oder ist es nicht vielleicht sogar seinem Ziel in diesem Moment ein gutes Stück näher gekommen?

Letzteres natürlich! Denn wenn du dich auf den Weg machst, um ein neues in dir schlummerndes Potential zu erschließen, dann wird zwangsläufig zweierlei passieren: Erstens, du wirst wachsen. Zweitens, du wirst auf die Schnauze fallen. Aber wenn du deinen alten Gewohnheiten folgst, erkaufst du dir die Sicherheit, nicht auf die Schnauze zu fallen, durch Stagnation. Schlüsselsatz: *Persönliche Stagnation ist die versteckte Ursache von persönlichem Frust, Groll und innerer Unzufriedenheit.*

Also: War der vernichtende Untergang auf dem Tennisplatz nun ein Rückschlag? Oder etwas anderes? Als mein Vater am nächsten Tag um 18 Uhr nach Hause kam, war mein Tennisschläger bereits für immer im Keller verschwunden. Wir gingen zusammen auf unsere dörfliche Freisportanlage. Noch heute weiß ich genau, wie schön es sich angefühlt hat, in der Dämmerung der untergehenden Abendsonne zum ersten Mal mit dem Basketball meines Vaters auf einen Korb zu werfen.

Erstens, du wirst wachsen. Zweitens, du wirst auf die Schnauze fallen.

Wenn du etwas erreichen möchtest, dann hast du auf deiner Reise dorthin tausende Erlebnisse. Erlebnisse, die dich manchmal zweifeln lassen. Du musst darauf vertrauen, dass diese Erlebnisse sich eines Tages wie tausend verschiedene Puzzleteile zu einem wunderschönen Kunstwerk zusammenfügen – deinem Lebenswerk.

Auch eine Niederlage ist nur ein weiteres Puzzleteil. Eine Niederlage bedeutet erst mal nur, dass du hingefallen bist, deshalb heißt das ja so. Aber ob das gut oder schlecht ist – das entscheidest alleine du selbst! Du kannst liegen bleiben oder aufstehen. Ich empfehle dir, IMMER aufzustehen, denn durch Niederlagen wächst dein Erfolgsmuskel schneller als sonst. Schlüsselsatz: *Im Leben sind Rückschläge und Niederlagen die*

Vorboten größerer zukünftiger Erfolge – wenn du sie richtig analysierst und die notwendigen Konsequenzen daraus ziehst. Tom Hanks hat als Forrest Gump zu uns gesprochen: »Das Leben ist wie eine Pralinenschachtel. Du weißt nie, was du kriegst.« – Deine Garten-Grillparty fällt ins Wasser. Dein Arbeitgeber geht pleite. Dein Hund stirbt. Deine Frau brennt mit dem Briefträger durch. Kleine Schläge, große Schläge – jeden Tag ist alles drin. Im ersten Moment ist das furchtbar. Vielleicht sogar das Schlimmste, was du dir vorstellen kannst. Aber so ist das Leben. Du verlierst. Du lernst. Du gewinnst. Du lernst. Du lebst. Du lernst.

Alles trägt den Keim zu etwas Schönem in sich: Regen bei der Grillparty? Im Wohnzimmer macht's doch viel mehr Spaß – und ist kuscheliger. Arbeitgeber pleite? Das ist die Chance, deine wahre Berufung zu finden. Der Hund stirbt? In irgendeinem Tierheim wartet dein Traumhund auf dich. Frau geht fremd? Die tiefste Krise ist für zwei Eheleute die beste Chance auf einen Neubeginn – wenn sie ehrlich und empathisch miteinander kommunizieren.

Schlüsselsatz: *Das Leben ist ein Spiel, das zu deiner Freude stattfindet.* Alles, was du anfasst, wird ein Erfolg. Früher oder später. Nur wenn du dich unter dem Eindruck einer Niederlage dafür entscheidest, dass du gescheitert bist, dann bist du auch gescheitert. Aber wenn du dich stattdessen dafür entscheidest, dass deine Niederlage ein Fingerzeig ist, der dir hilft, es das nächste Mal anders, besser zu machen, dann bist du nicht gescheitert, sondern gewachsen. Ich falle ständig auf die Schnauze. So wie du ständig auf die Schnauze fällst. Weil jeder ständig auf die Schnauze fällt. C'est la vie! Nicht jeder Sturz ist ein Sieg – aber er ist immer eine Chance. Der Weise fällt hin – und hebt etwas auf!

Das Gegenteil von Scheitern

In den 90er Jahren wurde ein riesiger Hype um das Thema Erfolg gemacht. Jeder wollte um jeden Preis erfolgreich sein. Die Jagd war eröffnet: auf den Traumjob, das volle Bankkonto, die Statussymbole.

Aber weißt du was: Die äußerlichen Scheinziele, Scheinerfolge und der Gruppendruck im Gesellschaftsspiel sind gefährlich! Warum? Weil Menschen, die den Scheinerfolgen des Gesellschaftsspiels nachjagen, ihr Urteil über sich selbst aus der Hand geben. Sie machen ihr Selbstwertgefühl von anderen abhängig, sie liefern sich auf Gedeih und Verderb den Launen ihrer Mitmenschen aus. Und die sind wechselhaft. Wer die Erfolgsleiter des Gesellschafsspiels immer höher klettert, kann eines Tages tief fallen. Heute bejubeln sie dich noch. Morgen bejubeln sie schon deinen Niedergang. Wer seinen Fans zu nahe kommt, kann schnell zwischen die klatschenden Hände geraten.

Dazu kommt: Je besser die Erfolgssucher funktionieren, umso härter werden sie ausgepresst. Du schaffst es, zwei Wochen durchzuarbeiten? Cool, versuchen wir's mal mit vier. Du hast 500 000 Euro Umsatz gemacht? Komm, nächstes Geschäftsjahr gehen zwanzig Prozent mehr. Das Jahr darauf wieder zwanzig Prozent Steigerung. Und noch mal zwanzig Prozent ... Dieses Rennen kann kein Mensch gewinnen. Das Gesellschaftsspiel ist unersättlich, seine Gier ist grenzenlos. Und mit jedem Tag wächst bei den Spielern die Angst, aussortiert zu werden, überholt zu werden, das nächste Ziel nicht zu erreichen – die Angst davor, zu scheitern.

Deshalb ist es entscheidend, aus dem Gesellschaftsspiel auszubrechen. Im Bewusstseinsspiel geht es nicht darum, was du hast. Sondern es geht darum, wer du bist. Du definierst dich über dein Innen. Und wenn du nach außen stimmig lebst, was in deinem Innern ist, dann ist Erfolg für dich ganz einfach das

Erreichen eines von dir selbst gesteckten Zieles. Schlüsselsatz: *Erfolg ist, wenn du ein persönliches Ziel erreichst, das deinem Sinn entspricht.*

Wir Menschen haben alle den gleichen Lebenssinn: Wir sind auf dieser Welt, um Freude, Freiheit und Wachstum zu erfahren. Vorsicht: Wachstum ist erst der dritte Baustein der Gleichung – nicht der erste!

»Ich gehe nach Hause und verbringe zwei Stunden mit meinen Kindern«, »Ich meditiere eine Stunde« oder »Ich fahre mit dem Rad um die Welt«. Erfolg ist nicht schwer, nichts, was du im Schweiße deines Angesichts verdienen musst. Du musst nichts opfern, um ihn zu erreichen. Das sind alles Assoziationen aus dem Gesellschaftsspiel. Wer glaubt, Erfolg sei harte Arbeit, hat ein sicheres Indiz dafür, dass er in der Fremdbestimmung gefangen ist.

Im Bewusstseinsspiel ist nichts einfacher als Erfolg! Er ist spielerisch, jederzeit und überall im Überfluss verfügbar. Du merkst gar nicht, dass du zehn Stunden am Tag arbeitest, wenn du dabei dein sinnvolles, selbstgewähltes Ziel vor Augen hast. Und du kannst viele wundervolle kleine Erfolge in deinem Alltag finden. Meditiere zwei Minuten nach einem Telefonat. Hörer neben das Telefon, Tür zu, bumm. Da können fünf Leute anrufen – egal. Du machst es trotzdem, und es ist ein persönlicher Erfolg für dich. Viele lachen über so was. Warum? Weil sie nicht glauben können, dass Erfolg so klein sein kann. Erfolg erfolgt aus deinen erreichten Zielen.

Acht lange Jahre habe ich während meiner Trainerkarriere Betriebswirtschaft an der Fernuni Hagen studiert. Es war wichtig für mich, einen Studiumsabschluss zu haben. Warum? Weil ich es meiner Mutter versprochen hatte. Nach sechzehn Semestern knallharter Lern-Disziplin hatte ich es geschafft! Toll … Hat es mir Freude gemacht? Nein! Habe ich einen Sinn darin gesehen? Nein! Habe ich meinen Lebenssinn erfüllt? Nein! War ich erfolgreich? NEIN! Sondern ein Gefangener des

Gesellschaftsspiels. Introjektion, eingeimpfte Werte, Stufe drei der sechs Autonomiestufen. Dieser akademische Abschluss ist heute ein leerer Erfolg für mich. Du findest ihn nirgends in meinem Lebenslauf. Er war nur eine erfüllte Vorgabe des Gesellschaftsspiels.

Riesigen Spaß, immense Freude hat mir in der Zeit meine tägliche Trainerarbeit gemacht. Das war das Bewusstseinsspiel. Da bin ich aufgegangen. Da war ich ich selbst. Würde ich heute noch mal studieren? Nein! Wenn du am Übergang vom Gesellschaftsspiel ins Bewusstseinsspiel stehst, hat Erfolg viel mit deiner Intuition zu tun. »Was ist jetzt im Moment das Beste für mich?« So machst du deine ersten Schritte. Wach auf! Hör auf deinen Bauch! Folge deinem Herzen … Folge immer deinem Herzen!

Du entwickelst mit der Zeit ein Gespür dafür, ob du steuerst oder gesteuert wirst.

Stell dir vor: Du stehst mit fünf Kollegen vom Vertrieb nach einem langen Workshop an der Hotelbar. Einer bestellt fünf Bier und fünf Kurze, aber du sagst: »Danke, Wasser!« Was für ein Erfolg! Denn du entscheidest – nicht der Gruppendruck. »Spielverderber!«, ruft das Gesellschaftsspiel. Du grinst dir eins … Versuch das mal auf deiner nächsten Familienfeier. Alle hauen sich am Büffet den Wanst voll und du fastest. Das ist eine interessante Erfahrung, glaub mir!

Wichtig ist, dass du zwischen deinem inneren Selbst und dem, was von außen von dir verlangt wird, unterscheiden lernst. Das ist eine Frage des Selbstbewusstseins, also des Wissens von dir selbst. Du kennst dich. Du entwickelst mit der Zeit ein Gespür dafür, ob du steuerst oder gesteuert wirst. Je mehr du das Steuer in die Hand nimmst, umso mehr Ereignisse nimmst du als Erfolge wahr.

Das Gefühl der Freude im täglichen Tun ist eng verbunden

mit deinem Gefühl der Freiheit. Du kannst keine Freude an deinem Tun verspüren, wenn du das Gefühl hast, eingeengt zu sein, es anderen recht machen zu müssen, fremdbestimmt zu werden.

Freiheit verspüre ich in meinem Beruf. Fast jeden Tag woanders sein. Neue Leute, Orte, Firmen und Situationen kennenlernen. Selbst entscheiden: Wann arbeite ich, wann arbeite ich nicht? Wie viel arbeite ich? Für den einen mag das eine Bürde sein – für mich bedeutet es Freiheit. Aber genauso funktioniert das Bewusstseinsspiel: Allein deine Meinung ist wichtig und zählt.

Tote haben keine Probleme

Freude, Freiheit – bleibt noch das Wachstum. Wachstum bedeutet Fortschritt. Fortschritt kann ich nur machen, wenn ich etwas schaffe, das ich bisher nicht geschafft habe. Alles andere ist Stagnation oder Wiederholung. Das ist wie auf einer Treppe: die nächste Stufe. Im Leben heißt die nächste Stufe: Problem. Schlüsselsatz: *Das Leben verpackt Wachstumsmöglichkeiten als Probleme.* Genau damit aber haben die meisten Menschen ein Problem, denn sie mögen Probleme nicht.

Hier musst du komplett deine Sichtweise ändern. Denk einmal an dein derzeit größtes Problem. Du glaubst, wenn du es gelöst hast, bist du glücklich. Falsch! Denn was kommt danach? Natürlich das nächste Problem. Dein wahres Problem im Leben ist, dass du glaubst, keine Probleme haben zu dürfen. Schlüsselsatz: *Es geht im Leben nicht darum, Probleme zu lösen, sondern persönlich zu wachsen.*

Nehmen wir ein einfaches Beispiel: Am Anfang bist du arm wie eine Kirchenmaus. Du löst das Problem, indem du dein erstes Geld verdienst. Du verdienst gerade genug, um deine Rechnungen zu bezahlen. Schon hast du ein neues Problem.

Du willst dir auch mal was leisten. Du löst das Problem und verdienst mehr, als du ausgeben kannst. Schon kommt das nächste Problem: Was mache ich mit dem überschüssigen Geld? Du bringst es auf die Bank. Da kommt das nächste Problem: Was, wenn die Inflation kommt? Wie lege ich mein Geld richtig an? Und so weiter. Wird das eines Tages aufhören? Natürlich nicht. Deshalb musst du deine Denke ändern.

Schlüsselsatz: *Probleme sind Geschenke!* Du musst das Geschenk in jedem Problem finden, um persönlich wachsen zu können. Um vorwärts zu kommen. Dazu musst du aber schon das Geschenkpapier aufmachen und dich fragen: Was lerne ich jetzt von dir? Manchmal wirft das Leben dir einen Stein gegen den Kopf. Oder du stolperst darüber. Nimm den Stolperstein – küsse ihn! Und immer wenn du ein Problem erfolgreich gelöst hast, nimm dir das nächste vor. Stück für Stück wirst du an deinen Problemen wachsen. Und Wachstum ist notwendig. Wir kennen es aus der Natur. Was nicht wächst – stirbt. Für uns gilt: Wer sich nicht weiterentwickelt, befindet sich schon auf der Talfahrt.

Die wichtigste Lebenslektion, die ein Mensch lernen muss, ist, die Macht der Probleme zu verstehen. Warum ist ein Bodybuilder so stark? Weil er täglich mit unglaublicher Kraft Widerstände überwinden muss. Darum hat das Leben uns Probleme gegeben: damit wir an den Widerständen wachsen! Probleme sind ein Lebenszeichen. Die einzigen Menschen ohne Probleme liegen auf dem Friedhof.

Mit sechzehn musste ich mit ansehen, wie schnell alles vorbei sein kann. Mein Großvater, ein lebenslang kerngesunder Mensch, war vom Krebs befallen und verkümmerte in Rekordzeit. Die letzten Tage verbrachte er angeschlossen an Sauerstoffschläuchen und Geräten im Bett zu Hause. Meine Großmutter war an seiner Seite. Mama packte uns ins Auto, damit wir von ihm Abschied nehmen konnten. Ich hatte keine Ahnung, was mich erwarten würde.

Als ich das Zimmer betrat, zuckte ich vor Schreck und Angst zusammen – da lag nicht mehr mein Großvater … Ich erkannte ihn nicht mehr. Vor mir lag der Tod. Der Anblick hat mich schockiert. Und damals habe ich begriffen: Irgendwann wirst du selber da liegen. Der Tod ist unser aller Schicksal.

Aber weißt du was: Das ist gut so! Wahrscheinlich ist es die beste Erfindung des Lebens. Deine Zeit ist begrenzt. Verschwende sie nicht damit, im Gesellschaftsspiel die Träume und Wünsche anderer zu verwirklichen. Das Leben eines anderen zu leben. Lass nicht zu, dass der Lärm fremder Meinungen deine eigene Stimme übertönt. Und vor allem: Habe den Mut, deinem Herzen und deiner Intuition zu folgen. Der Erfolg kommt ganz von alleine.

Ich frage mich fast täglich: Wenn es morgen zu Ende wäre, würde ich heute tun, was ich gerade tue? Du lebst nur einmal. Lebe auch so und mach was draus!

9. Kapitel – Glück

Wie du die Emotionen kreierst, die du haben willst

Ich lasse mich fallen. In einen der Liegestühle, die im Zieleinlauf so platziert sind, dass du die Ziellinie und damit alle, die über die Linie trudeln, im Blick hast. Ich liege ganz ruhig da. Wir sind in Schlanders in Südtirol, auf dem Marktplatz. Alle paar Minuten kommt wieder ein Team rein, immer zu zweit, immer gemeinsam.
Meine Gedanken ziehen mir durch den Kopf wie kleine Wölkchen. Siebte Etappe. Im Ziel. Vorletzter Tag. Wir sind heute über den höchsten Gipfel des Rennens gelaufen. Jetzt passiert nichts mehr. Dass ich das geschafft habe! Dass ich mir das zugetraut habe! Dass ich das durchgezogen habe! Nur noch morgen. Das geht wie von selbst. Die Erschöpfung ist weg, mein Körper fühlt sich ganz leicht an. Innen ist es ganz warm. Ich bin völlig losgelöst von allem. Bin ganz bei mir angekommen. Ich brauche nichts. Bin nur noch da – glücklich …
»Christian! Was ist denn los?« – Meine Frau steht vor mir und schaut mich ganz bestürzt an.
Mein Gesicht ist nass. Nicht vom Schweiß, der ist längst getrocknet. Nein, ich flenne Rotz und Wasser, mir strömen die Tränen nur so übers Gesicht. Nicht das traurige Weinen, sondern das glückliche. Ich will jetzt nichts sagen, lächle meiner Frau nur kurz zu. Sie versteht und lässt mich in Ruhe.

Alles erreicht?

Franz Beckenbauer hat den Ball unter Kontrolle, seit er laufen kann. Er bestimmt das Spiel. Das Spiel ist immer sein Spiel. Auf dem Platz, an der Seitenlinie und auch sonst im Leben. Schau dir an, was er erreicht hat: Er spielte nicht nur überragend, sondern er revolutionierte gleich noch das Spielsystem und führte eine völlig neue Position ein: den Libero. Den Freien.

Nach dem Ende seiner phantastischen Spielerkarriere wurde er Trainer – kam, sah und siegte. Ich zähle der Einfachheit halber auf, was er als Spieler und Trainer NICHT gewonnen hat im Fußball: den DFB-Pokal als Trainer und den Europameistertitel als Trainer. Sonst alles, was es in diesem Sport zu gewinnen gibt. Danach wurde er Funktionär und hat mit der WM 2006 in Deutschland ein Ereignis von Weltgeltung initiiert und mitgestaltet.

Bei all diesen unglaublichen Erfolgen ist er immer der Libero geblieben: Souverän. Frei. Ein wahrer Kaiser. Fußball ist seine Berufung, und aus seiner inneren Klarheit entspringt ein unglaublich starker Wille, der so gar nichts Verbissenes hat. Beckenbauer und verbissen? Das ist eine absurde Vorstellung. Vor kurzem hörte ich ihn im Fernsehen sagen: »Ich habe alles erreicht.«

Ich kenne einen Menschen, der augenscheinlich ebenfalls alles erreicht hat. Er ist Gründer und CEO einer großen Firma. Sein Großvater hatte Anfang des 20. Jahrhunderts einen kleinen Laden geführt, sein Vater hatte angebaut. Doch er hat aus diesem Erbe dann in nur 25 Jahren einen »Hidden Champion« gemacht, einen Weltmarktführer in einem Nischenmarkt. Diese Firma ist sein Lebenswerk. Absolventen kommen von den besten Unis der Welt, um sich um die Plätze in seinem Trainee-Programm zu schlagen. Seine Firma ist der Innovationsmotor der Branche und er hält zahlreiche Weltpatente, wöchentlich kommen neue dazu.

Unter dem italienischen Anzugstoff ist er ärmer als ein Bettler.

Wenn er in ein paar Jahren abtritt, wird er mit großem Bahnhof verabschiedet werden, keine Frage. Vor der Werkshalle wird man eine Medaille mit seinem scharfen Profil in einen Granitblock einlassen, und er wird sich ins goldene Buch der Stadt eintragen. Sind das Ergebnisse? Ja, das sind grandiose Ergebnisse! Doch all diese Erfolge werden ihm keinen Frieden geben.

Wieso? Seine Mitarbeiter bezeichnen ihn offen als Tyrann und Ausbeuter. Natürlich bewundern sie seine Lebensleistung. Aber es ist eine kalte Bewunderung. Respekt bekommt er vordergründig von allen, er verschafft ihn sich mit Demonstrationen seiner Macht und durch die Angst, die er verbreitet. Echte Wertschätzung hat er schon lange nicht mehr erfahren.

Dieser Mensch lebt nur für den nächsten Erfolg. Noch mehr haben wollen. Nie zufrieden sein können. Seine Firma füllt ihn aus, er hat kein anderes Leben. Er ist alleinstehend, die Beziehung zu seiner Ehefrau hält er nur noch zu Repräsentationszwecken aufrecht. Dieser Mann sieht erfolgreich aus. Doch unter dem italienischen Anzugstoff ist er ärmer als ein Bettler.

Schlüsselsatz: *Glück ist Ausdruck eines erfüllten und sinnvollen Lebens.* Glück erkennst du ganz einfach: an Dankbarkeit. Ist der Mensch dankbar für sein Leben und alles, was er erreicht hat? Ist er dankbar dafür, dass er jeden Morgen aufstehen und einen neuen Tag genießen kann? Schlüsselsatz: *Glücklich bin ich, wenn ich dankbar und mit allen Sinnen ganz im jeweiligen Augenblick bin.* Dieser Firmenchef weiß überhaupt nicht, was Dankbarkeit ist. Dankbarkeit kommt von innen, er aber lebt nur noch im Außen. Seine Seele ist ein schwarzes Loch.

Darum ist es so anstrengend, auch nur ein kurzes Gespräch mit ihm zu führen. Er ist rastlos, springt in fünf Minuten zehnmal vom Stuhl auf. »Die Chinesen!«, »Der Dollarkurs!«, »Die Marktdaten!« – Was andere als Feuer und Unternehmergeist auslegen, ist in Wirklichkeit nackte Angst. Er ist getrieben, geworfen, gehetzt, will immer besser als andere sein, vergleicht sich permanent. Noch mehr, noch schneller, noch weiter. Überall lauert der Feind. Sein flackernder Blick verrät den ständigen inneren Ausnahmezustand.

Dabei wäre es so einfach für ihn. Er hat Enormes geleistet, Grandioses geschafft, Arbeitsplätze und Einkommen für Tausende, hilfreiche Produkte zum Nutzen von Millionen Menschen. Er hat Gutes getan. Er könnte der dankbarste Mensch auf Erden sein. Mit sich ins Reine kommen. Sich selbst auf die Schulter klopfen. Sein Lebenswerk annehmen und bewusst genießen. Und damit käme das Glück.

An den nackten Ergebnissen aber kannst du Glück nicht messen. Franz Beckenbauer kann Ergebnisse vorweisen, dieser Chef hier auch. Und was für welche! Nur: Davon hängt Glück überhaupt nicht ab. Es hängt davon ab, ob er das Gute, das er geschaffen hat, sieht oder nicht. Sei dir sicher: Kaiser Franz weiß genau, was er geleistet hat. Darum ist er dankbar und weiß, dass er alles im Leben erreicht hat. Und er genießt es und erfreut sich daran.

Mladen und Boge

Unser mazedonischer Mannschaftsbus rumpelt über Schlaglöcher mit ein wenig Straße drumherum durch Skopje Richtung International Airport Aleksandar Veliki, was »Alexander der Große« heißt. Eben haben wir uns von Mladen und Boge verabschiedet, unseren beiden guten Geistern – einer 71, der andere 73. Sie haben uns während der ganzen Junioren-Europameisterschaft betreut. Sie haben morgens um sechs unsere Anzüge gebügelt, akkurat gefaltet und an den richtigen

Platz gelegt. Sie haben die Umkleiden geputzt, die Mülleimer geleert, die Klos gewischt und dem Team im Training die Bälle zugeworfen. Haben kistenweise Wasser herangeschleppt und es in dem Tempo vom Hallenboden gefeudelt, in dem es unsere Jungs bei den 40 Grad des mazedonischen Sommers wieder ausgeschwitzt haben. Dabei haben sie aufgepasst wie die Luchse, damit bloß keiner unserer Spieler auf einer Lache ausrutscht und sich verletzt. Abends um elf, nach dem letzten Spiel, haben sie die Halle zugesperrt. An jedem der vierzehn Tage unseres Aufenthaltes.

Am Ende des ersten Trainings hatte unser Kapitän ihnen ein Geschenk gemacht: einen kleinen Anstecker-Pin mit dem Bundeswappen. Die Reaktion der beiden alten Männer werde ich nie vergessen. Stell dir das vor: Die beiden haben alles gesehen im Leben. Als kleine Jungs haben sie Weichen gesprengt mit Pulver aus Granaten von deutschen Munitionszügen. Sie haben die Sowjets zuerst als Befreier gefeiert, dann ertragen, dann vertrieben. Sie mussten einen Bürgerkrieg miterleben, als alle Welt dachte, Europa hätte Frieden gefunden: Während wir ein paar Breitengrade höher beim Sonntagsfrühstück saßen, bangten sie mir ihren Freunden und Verwandten im Bunker ums nackte Leben. Mladen und Boge haben einen Haufen Kinder großgezogen und das eine oder andere verloren. Sie haben Enkelkinder, die älter sind als diese Sportlerbengel aus Germanja, die da

Glück erkennst du ganz einfach: an Dankbarkeit.

frischgeduscht vor ihnen stehen mit Kopfhörern in den Ohren. In Trainingsanzügen, die so viel kosten, dass die beiden mit ihren Familien einen Monat davon leben könnten. Mladen hat noch ungefähr zwei Zähne vorne, Boge noch drei unten.

Doch in dem Moment, als unser Kapitän die Pins an ihren Kragen heftete, haben ihre Gesichter einen Zug angenommen, der mir jetzt noch Gänsehaut macht, wenn ich daran denke. Solch ein Glück und solch einen Stolz habe ich nie zuvor auf dem Gesicht eines Erwachsenen gesehen. Sie haben jeden Spieler und jeden Trainer nacheinander umarmt. Mit feuchten, strahlenden Augen.

Gestern, am Tag vor unserer Abreise, habe ich 200 Euro in eins der wenigen großen Geschäfte in Skopje getragen. Ich habe zwei riesige Kartons mit Lebensmitteln gekauft und für jeden der beiden noch vier T-Shirts. Dann alles in ein Taxi gepackt und zur Halle gefahren. Dort habe ich mir einen Dolmetscher geschnappt und ihn gebeten, den beiden zu erklären, dass diese Kartons ein Geschenk von der deutschen Mannschaft an sie und ihre Familie sind.

Was dann passiert ist, werde ich ein Leben lang nicht vergessen: Die beiden sind erst sprachlos, dann völlig verwirrt gewesen. Sie haben überhaupt nicht gewusst, wie sie reagieren sollen. Sie sind völlig aufgewühlt gewesen. Ich habe mich schnell verabschiedet und bin ins Hotel zurückgefahren.

Als ich vorhin, nachdem wir die Nacht in einer Disko durchgefeiert haben, vollkommen übermüdet in den Bus zum Flughafen steigen wollte, schreit mir eine Stimme hinterher: »Mister Bischoff! Stop! Mister Bischoff!« Der Dolmetscher aus der Halle kommt angerannt, schaut mir in die Augen und sagt in gebrochenem Deutsch: »Ich soll Sie herzlich von Mladen und Boge grüßen. Die beiden sind Ihnen unendlich dankbar und sagen, sie werden Sie nie im Leben vergessen.«

Schweigend stehen die beiden am Busparkplatz, bis auch der Letzte von uns gesessen und der Bus abgefahren ist.

An all das denke ich, während ich aus dem Seitenfenster auf die heruntergekommenen Häuser der Stadt blicke, die vor meinen Augen vorbeihuschen. Auf dieser Busfahrt zum Flughafen wird mir zum ersten Mal im Leben bewusst, was Glück bedeutet. Mit eigenen Augen habe ich gesehen, wie wenig der Mensch braucht, um glücklich zu sein. Besonders, dass Glück nichts mit Gütern oder Titeln zu tun hat. Mladen und Boge sind glücklich. Woher ich das weiß? Sie konnten sich über Kleinigkeiten freuen und offen ihre Dankbarkeit zeigen. *Glücklich ist, wer mit sich im Reinen ist, wer mit allen Sinnen im Hier und Jetzt lebt und darum das Gute sehen kann.* Schlüsselsatz. Dazu musst du weder Weltmeister werden noch Yoga machen noch ein Einfamilienhaus erwerben. Du musst auch nicht CEO eines Firmenimperiums sein. Hausmeister reicht.

Die kosmische Frage

Halb vier Uhr morgens, du liegst in deinem Bett. Du schreckst hoch, als du von einem grellen, grünen Beam erfasst und in die Höhe getragen wirst. Als du aufwachst, sitzt du bei einer Tasse Tee einem Alien gegenüber. Mit feinem Wiener Akzent spricht es dich an. (Vermutlich hat es deine Sprache mittels abgefangener Übertragungen von Peter-Alexander-Filmen aus den 50ern gelernt.) Es entschuldigt sich, dass es zuerst deinen Cockerspaniel hochgebeamt hat. Weil es die lustigen Vierbeiner für die Chefs auf dem Planeten hielt, deren Häufchen so wertvoll zu sein scheinen, dass sie von den Zweibeinern aufgesammelt und in Plastiktütchen verpackt werden. Auch dir leuchtet dieser Gedanke ein, weshalb dein Protest nur lau ausfällt. Doch zur Sache! Das Alien stellt dir die Frage, die es quer durchs Universum zur Erde geführt hat:

»Warum ärgert ihr euch eigentlich den ganzen Tag?«

Du überlegst kurz, dann windest du dich hin und her. Das sei nicht so einfach zu erklären. Zum einen regne es auf der Erde immer, sobald man sein Auto gewaschen habe. Zum andern ziehe die irdische Schwerkraft immer die beschmierte Seite von Marmeladenbroten an. Doch bei deiner Rede fummelt das Alien bereits nervös an seinem Laser-Pointer und hört nur mit drei von sieben Ohren zu. »Wissen wir. Wissen wir.

Auch, dass ihr versucht, dem Stau ein Schnippchen zu schlagen, indem ihr alle eine halbe Stunde früher losfahrt. Doch ich habe nicht gefragt WANN, sondern WARUM ihr Menschen euch den ganzen Tag ärgert.«

Du bist ratlos.

Du merkst: Das Alien hat dich am Kanthaken. Die Wahrheit ist: Es gibt einfach keinen Grund. Ärger ist lediglich eine Angewohnheit, die du von Kindesbeinen an trainiert hast. Das Gesellschaftsspiel unterhält ein eigenes Unterrichtsfach »Ärger« mit Millionen von Lehrbeauftragen. Du hast gelernt, täglich Anlässe zu finden. Du hast deine ganz persönliche Art entwickelt, dich zu ärgern, deine Reaktion immer wieder verfeinert: deine Stimme, deinen Blick, deine Gestik ... Du übst das täglich. Darum bist du so gut darin.

Doch was erreichst du mit Ärger? Überhaupt nichts. Du schadest nur dir selbst. Wenn dir die Haustür vor der Nase zufliegt und der Schlüssel von innen steckt, kannst du schreien, bis du schwarz wirst. Du kannst auch die Luft anhalten oder ein Somat-9-Geschirrspül-Tab mit Kristallfunktion und Extra Trocken-Effekt schlucken. Die Wirkung ist gleich: Mensch nimmt Schaden, Tür bleibt zu. Also lach drüber, ruf den Schlüsseldienst an. Sei fasziniert und frage dich: Ist das nicht interessant, dass mir das passiert? Vielleicht steckst du beim nächsten Mal einfach den Schlüssel ein, wenn du in den Keller gehst.

Das Gleiche gilt im Job. Du bist doppelt belegt über einen kompletten Nachmittag. Einem deiner Kunden musst du absagen. Schon ist der Stress da, der Ärger über die mangelhafte Terminplanung. Ärger ist immer eine versteckte Botschaft. Der

Das Gesellschaftsspiel unterhält ein eigenes Unterrichtsfach »Ärger«.

Gesellschaftsspieler spürt die fehlende Kontrolle, die Fremdbestimmung. Sofort wird ein Schuldiger gesucht. Und wer einen Schuldigen sucht, wird immer einen finden. Der Teamassistent hat's verbockt, die Sekretärin, der Praktikant. Dabei wäre das eine wunderbare Gelegenheit, sich zu fragen: »Was kann ich besser machen, damit das nicht wieder passiert?«

In solchen Drucksituationen ist nur folgende Frage entscheidend: »Was sind die wichtigen Sachen, die ich noch gut erledigen kann? Und was lasse ich sein?« Selbst zu bestimmen und das auch nach außen zu vertreten. Dazu musst du auch mal einen Schlusspunkt setzen: »Das geht. Und das geht nicht mehr.« Die wenigsten trauen sich das, weil sie denken, der Chef hält sie für nicht belastbar. Dabei ist genau das Gegenteil der Fall. Nur der Mitarbeiter, der Verantwortung für die Qualität seiner Arbeit und seine eigenen Entscheidungen übernimmt, wird im Unternehmen langfristig geachtet.

Den Zusammenhang zwischen Qualität und Quantität machen sich die wenigsten bewusst. Wenn du also drei Kunden zu ihrer vollen Zufriedenheit bedienst, statt sechs mit halber Kraft abzuspeisen, hast du unterm Strich ein besseres Ergebnis. Denn die drei werden wiederkommen. Von den sechs werden fünf wiederkommen, wenn deine Wettbewerber genauso schlecht sind wie du. Falls nicht, wirst du keinen von ihnen je wiedersehen. Und dann kannst du dich so richtig ärgern!

Ich habe mir das Ärgern abgewöhnt. Neulich beispielsweise ist mir auf dem Parkplatz eine Frau ungebremst in die Fahrertür gekachelt. Der Airbag meines Opels platzte mir entgegen in einer Wolke von Talkum-Puder, das den Luftsack im Lenkrad gefaltet funktionstüchtig hält. Nachdem ich auf der Beifahrerseite rausgeklettert war, habe ich sie erst mal freundlich begrüßt und mich vorgestellt. Dann habe ich sie in aller Ruhe gefragt, ob es ihr gutgehe. Dann sie um die Daten ihrer Versicherung gebeten und seelenruhig die Polizei gerufen. Das waren schlicht die Dinge, die in dieser Situation zu tun waren.

Geärgert habe ich mich nicht. Obwohl das der eingeölte Mechanismus gewesen wäre. Ich habe da keinen Bock drauf.

Ich will nicht, dass meine Gefühle von außen angestoßen werden und dann über mich hereinbrechen wie ein Tsunami. Am Steuer meines Lebens sitze ich selbst, und das bedeutet auch, dass ich die volle Verantwortung für meine Emotionen übernehme. Schlüsselsatz: *Deine Emotionen MACHST du – sie passieren nicht.* Glück machst du. Freude machst du. Innere Ruhe und Gelassenheit machst du. Das ist nur eine Frage des Willens.

Kann ich es ändern, dass das Auto kaputt ist? Na also. Das ist nur ein Ereignis, nur ein Faktum. Die emotionale Bewertung nehme ich dann selbst vor: Wenn du dich bewusst dafür entscheidest, glücklich zu sein, dann steuerst du deine Gefühle selbst. Ob deine Kaffeemaschine kaputtgeht oder einer dich dumm von der Seite anlabert oder Schlimmeres … Was auf dich einprasselt, ist völlig gleich. Wenn in dir die Sonne scheint.

Glück bedeutet, viele kleine Entscheidungen über deine Emotionen im Laufe des Tages selbständig zu treffen. Halte Abstand zu den Ereignissen! Zwischen dem Reiz und der Reaktion liegt dein Glück.

Sei a Gaudimensch!

Na klar, du kannst sagen, der Bischoff hat ja auch keine Sorgen, der kann fröhlich zwitschern und dem Ärger abschwören, während wir uns den Buckel krummschuften und leiden, was das Zeug hält! Wenn dem mal was Schlimmes passiert, wird der sich genauso ärgern und genauso Sorgen haben!

Wer weiß.

Ich sage lediglich, dass in meinem Leben irgendwie immer nur die anderen Sorgen haben. »Kommt die Rezession?«, »Die Inflation?«, »Wie willst du die Wohnung denn bezahlen?« Bei solchen Sätzen schalte ich einfach auf Durchzug. Ich habe mir einen automatischen Sorgenfilter eingebaut.

Waldsterben, Aschewolke, Ozonloch, Ölpest, Erderwärmung, Bankenkrise – diese Veranstaltungen finden ohne mich statt. Ich will nichts beschönigen oder wegdiskutieren. Ich schließe auch nicht die Augen vor dem Bösen und dem Leid in der Welt. Doch mein wichtigster Beitrag zur Rettung der Welt ist der Kampf gegen die Verschmutzung meines Kopfes. Ich betreibe weder Alugießerei noch Braunkohlekraftwerk, ich besitze weder Investmentbank noch Pelztierfarm noch Tankerflotte. Ich bin Nichtraucher und fahre vielleicht ein bisschen zu viel Auto. Ich trete nur den richtigen Leuten auf die Füße und lebe ansonsten so bescheiden und zurückhaltend vor mich hin, wie das in einem Industriestaat möglich ist. Mehr kann und will ich nicht tun. Ich werde weder Holland noch Tonga noch die Eisbären vor dem Untergang retten. Weil das meine Kraft übersteigt! So einfach ist das. Häufig habe ich Teilnehmer in Vorträgen sitzen, die erwarten, dass ich ihre Probleme löse. Tue ich nicht! Kann ich nicht. Sie können es nur selbst. Verinnerliche bitte eins: Meine Aufgabe ist es nicht, in anderen Gefühle der Angst, Sorge, Furcht und Minderwertigkeit zu beseitigen. Schlüsselsatz: *Meine einzige Aufgabe besteht darin, MEIN innerliches Gleichgewicht zu finden und zu wahren.* Warum? *Ich kann anderen Menschen doch immer nur aus einer Position der Stärke und inneren Harmonie heraus ein Vorbild sein.* Auch das ist ein Schlüsselsatz.

Ich bin kein Finanzexperte. Kein Verkaufs-Heini. Kein Motivations-Guru. Ich stehe für eins: WILLENSKRAFT. Damit kenne ich mich aus, und das lebe ich. Wenn du an Willenskraft nicht glaubst, bist du bei mir falsch. Aber wer von seinem freien Willen überzeugt ist, kann von mir sehr viel lernen!

Einer der besten Fußballtrainer Deutschlands, Felix Magath, sagte in seiner Wolfsburger Zeit zu seinem besten Stürmer Edin Dzeko: »Tu nur, was du kannst! Du sollst nicht verteidigen! Du sollst Tore schießen! Wo läufst du denn rum? Geh wieder nach vorne. Tu, was du kannst, nichts anderes!«

Recht hat er. Ich tue, was ich kann. Ich helfe den Menschen als Redner. Damit bin ich ausreichend beschäftigt. Du kannst nicht in jeder Suppe einen Löffel haben.

Glücklich sein bedeutet nicht, in der heilen Welt zu leben. Nicht das Streben nach dem paradiesischen Zustand. Ein großes Missverständnis aus dem Gesellschaftsspiel ist das Verschieben von Glück und Zufriedenheit in die Zukunft. »Wenn ich doch nur erst ...«, »Eines Tages werden wir ...«, »Zuerst müssen wir aber ...« – Schlüsselsatz: *Glück kommt nicht irgendwann – es ist jetzt oder nicht.*

Vor kurzem hat mich eine ältere Seminar-Teilnehmerin gefragt, ob ich mich mit dem Leben nach dem Tod beschäftige. »Warum sollte ich das tun?«, habe ich sie gefragt. »Ich will meine auf Erden knapp bemessene Zeit lieber intensiv mit dem Leben vor dem Tod verbringen.«

Du kannst dich immer mit einem möglichen Szenario in der Zukunft beschäftigen. Oder du kannst heute bewusst und intensiv leben. Ich mache lieber Zweiteres. Drei Stunden KONZENTRIERT arbeiten, dann zwei Stunden mit Spaß und Freude Sport. Anschließend eine Stunde FOKUSSIERT lesen, dann mit Freunden eine Stunde BEWUSST telefonieren, dann INTENSIV einen Vortrag halten, abends in Ruhe Zeit mit meiner Frau verbringen und dabei vollkommen ANWESEND sein. Ein Tag ist

Du kannst nicht in jeder Suppe einen Löffel haben.

lang und bietet so viel Möglichkeit, wenn wir ihn bewusst und intensiv leben.

Unsere größte Angst ist nicht, dass wir nicht gut genug sind. Unsere größte Angst ist, dass wir praktisch alles im Leben erreichen können. Warum macht das Angst? Die Konsequenz wäre vielen unangenehm: Sie müssten ja was aus ihrem Leben machen. Dann lieber über Hätte-wäre-wenn sinnieren ...

Handbremsengelaber

Menschen, die nicht handeln, reden lieber über das, was eigentlich getan werden müsste. Denn solange sie reden, müssen sie nichts tun. Sie machen sich Sorgen. Und sie mosern, motzen, meckern. Die skrupellosen Spekulanten! Die verlogenen Politiker! Das böse Finanzamt! Mir ist es egal, welche Partei regiert. Beschneidet jemand meine Freiheit, werde ich mich wehren. Aber bis dahin werde ich keine Zeit damit verschwenden, mir den Kopf über Politik zu zerbrechen.

Was interessiert mich die Steuer? Die Regeln kann ich nicht ändern. Ändern kann ich nur meinen Blickwinkel. Für mich bedeutet das Wort »Steuer« einfach »die Hälfte«. Wenn du also als Selbständiger 100 000 Euro im Jahr verdienen willst, musst du 200 000 Umsatz machen. So einfach ist das. So sind hier die Regeln. Eine Hälfte geht an den Staat, damit ich über gutausgebaute Straßen in das nächste Krankenhaus fahren kann und nicht beim Brötchenholen von Aufständischen erschossen werde. Anstatt mich über Steuern zu beschweren, überlege ich lieber, wie ich das Doppelte meines gewünschten Lohnes an Umsatz machen kann. Und handle danach.

Diskussionen, Meetings, Small Talk – alles Handbremsengelaber, das mich und andere daran hindert, etwas aus dem Moment zu machen, aus dem Tag, aus dem Leben. Facebook, Xing, Twitter – Handbremsengelaber. Talkshows, Prominews, Deutschland sucht Superstars respektive Mannequins – Handbremsengelaber. Nachrichten – reine Folklore: Katze im Baum, Mann beißt Hund und zum Abschluss die Meldung: »Wenn der Hahn kräht auf dem Mist, ändert sich das Wetter oder es bleibt wie es ist.« Wer wissen will, wie das Wetter ist, soll aus dem Fenster sehen. Wer wissen will, wie das Wetter morgen ist, soll morgen aus dem Fenster sehen.

Menschen, die sich selbst angenommen haben, erkennst du am Fehlen des Handbremsengelabers, der Sorgen und der

Abwehrreaktionen. Sie haben ihre Ängste überwunden und Frieden mit sich und der Welt geschlossen. Diesen Frieden strahlen sie aus. Trotz ihrer Ängste.

Die aktuelle Sterbetafel des Statistischen Bundesamtes der Bundesrepublik Deutschland weist für Frauen eine Lebenserwartung von 82,40 Jahren aus, für Männer von 77,17 Jahren. So alt werden also erfundene, standardisierte Durchschnittstypen.

Du nicht. Zwischen Herzinfarkt, Hirnschlag oder Lungenembolie beim Lesen DIESES Wortes und 120 Kerzen auf der Torte ist alles drin. Akzeptiere, dass du es nicht in der Hand hast, wie lange du auf Erden wandelst. Mach einfach nur das Beste aus jedem Moment, der dir bleibt.

Komische Sache: Die meisten, die die Diagnose »Noch ein Jahr« erhalten, würden IHR Jahr leidenschaftlich und intensiv bis zum Ende leben. Zumindest sagen sie das. Sie würden um die Welt reisen, alle ihre Freunde besuchen und genießen, was sie schon immer genießen wollten. Jetzt versteh einer, warum sie das erst kapieren, nachdem sie dem Sensemann in die Augen geschaut haben.

10. Kapitel – Erfüllung

Je mehr du wächst, desto geiler wird dein Leben

Auf dem Gipfelkamm der Rappenscharte kriecht der Transalpine Run wie eine Schnecke über eine Rasierklinge. Mein Puls rast, mein Atem geht schwer. Der Aufstieg war brutal, ich kann mich kaum noch im aeroben Bereich halten, in dem noch genügend Sauerstoff im Blut ist, damit die Muskulatur nicht übersäuert. 15 Kilometer sind es heute noch, 2400 Höhenmeter steil bergab bis zur Tagesankunft. Siebter Tag, vorletzter Tag. Morgen bin ich im Ziel.

Hier, am höchsten Punkt des Rennens, drängen sich die Fotografen und Fernsehteams, die uns schon die ganze Woche begleiten. Obwohl ich mitten in den Alpen über 3000 Metern Höhe stehe, habe ich kaum mehr Platz als auf der Fußmatte vor meiner Haustür. Die Helfer johlen und klatschen, die Läufer jubeln, als sie den Kamm überschreiten.

Ich gebe Heiko ein Signal und schere aus dem Pulk aus, raus aus dem Stau, hinter die Helfer und Reporter, ganz an den Rand des Felsens. Mein Puls beruhigt sich. Ich bleibe einfach stehen und schließe die Augen. Das ist mein Moment.

Ich sehe mich wie in einem Film von oben, drehe mich innerlich 360° um mich selbst. Hier bin ich. Mein Kopf leert sich. Das Wollen, das Ziel, der Stolz, es bis hierhin

geschafft zu haben – alles ist plötzlich verflogen. Ich fließe mit dem Moment zusammen. Als ich die Augen öffne, sehe ich überall nur Berge, ein geschlossener Horizont. Hier oben küsst der Himmel die faltige Haut der Erde. Der Kuss bin ich.
Ich spüre die Sonnenstrahlen auf meinem Gesicht, ich rieche die energiegeladene Luft. Über meine Haut streicht der Aufwind der frischen Bergluft, die aus dem Tal heraufdrückt. Wenn ich jetzt meine Arme ausbreite, fliege ich wie ein Adler.

Hausmeister Schwarzgurt

Bei meinen Vorträgen ist die Technik immer schon aufgebaut, wenn ich ankomme. Ich mache dann ein paar Warm-up-Übungen: Stimmtraining, Gymnastik, gehe die Inhalte noch mal im Kopf durch. Das ist so eine Art Soundcheck. Danach warte ich, bis alle eingetrudelt sind, und ab geht's. Zwei Stunden volle Power. Diesmal war das anders. Als ich um 19:30 Uhr in der Halle eintraf, die ein internationaler Lebensmittelkonzern für meinen Vortrag vor den Mitarbeitern gebucht hatte, war ich eine Stunde später dran als üblich. Doch als mich der Personalvorstand mit Schweißperlen auf der Stirn begrüßte, wusste ich, dass hier noch irgendwas anderes nicht stimmte.

Mein Vortrag sollte um 20:00 Uhr beginnen und die Halle war schon dreiviertelvoll, sicher 600 Leute. Auf der Bühne telefonierte man hektisch, und jetzt sah ich auch, warum. Kein Mikro, kein Licht, keine Monitorboxen. Und kein Hausmeister. Alles wartete nur auf ihn.

»Hat kein Handy der Mann. Lebt der in der Steinzeit? Wo gibt's denn so was?«, fluchte ein Schlipsträger und pfefferte sein Handy so auf den Tisch, dass Verschalung und Akku durch die Gegend flogen.

Da trat ein Blaumann in die Halle. Sofort hagelten wütende Blicke auf ihn herab. Inzwischen war die halbe Personalabteilung auf der Bühne versammelt. Doch wie er damit umging, zeigte mir, dass hier ein ganz besonderer Mensch auf mich zukam. Aufrecht und besonnen, ohne das kleinste Fünkchen Hektik schritt er in aller Seelenruhe durch die Halle auf uns zu.

»Schön, dass Sie da sind. Wir haben Sie schon überall gesucht«, begrüßte ihn einer aus dem Organisationskomitee mit einem künstlichen Lächeln.

»Guten Abend«, antwortete der Hausmeister.

Jeder Handriff war eine Lektion in Fokus und Würde.

Dann begrüßte er mich mit einem festen Händedruck. Seine Bewegungen, seine Kraft, seine Kontrolle, ich wusste, dass dieser Mann genau weiß, was er tut. Und dass eher die Halle einstürzte, als dass er nicht rechtzeitig mit dem Aufbau fertig würde. Er blickte dem Personalvorstand mit all seiner Ruhe und Kraft in die Augen und sagte: »Fünf vor acht bin ich fertig.«

Der Mann im edlen schwarzen Anzug biss auf die Zähne. Er kochte. Am liebsten hätte er dem Hausmeister mit Anlauf in den Hintern getreten. Doch er war ihm ausgeliefert. Ich wusste, dass ich mich entspannt zurücklehnen konnte, die Ausstrahlung des Hausmeisters nahm mir jeden Druck.

Dann legte er los. Er bewegte sich so sicher und präzise wie ein Shaolin-Mönch. Sein Tempo war unfassbar. Jeder Handriff war eine Lektion in Fokus und Würde. Um Punkt 19.55 war alles fertig, und ich habe meinen Vortrag sogar zwei Minuten früher begonnen als geplant. Anschließend bin ich zu ihm hin: »Sie sind kein Hausmeister. Was tun Sie wirklich?«

Er lächelte. »Judo. Schwarzer Gürtel. Paarmal deutscher Meister und bei den Spielen '76 und '80 dabei gewesen. Hab in der Südstadt ein Trainingszentrum für Straßenkinder, da bin ich die meiste Zeit. Verdiene hier die Miete.« Jetzt war mir alles klar. Fokus, Wille, Sinn, Erfüllung.

My Way

Erfolg ist dein Ziel, das du erreichst. Glück ist dein Glaube, den du lebst. Erfüllung ist dein Sinn, den du verwirklichst. Und während du dich in deine Ziele, deinen Glauben und deinen Sinn hineinentwickelst, wächst du.

Die meisten um dich herum wollen auch wachsen, allerdings nur, um größer als die anderen zu sein. Darum wollen sie ihre Schwächen loswerden und geben dabei richtig Gas. Sie trainieren Hard Skills, Soft Skills, verbessern Sprache, Gestik, Mimik und Auftreten. Sie glauben, sich verändern zu müssen. Sie wollen ihre Wettbewerbsfähigkeit steigern, sich rüsten zur Schlacht um Marktanteile, für die Jagd nach mehr.

Das macht für mich keinen Sinn. Das Denken in Schwächen und Stärken, in gut und schlecht, in schwarz und weiß hat für mich seine Bedeutung verloren. Ich kenne keine Schwächen, ich kenne nur Eigenschaften. Wer hat gesagt, dass man mit einem Sprachfehler kein Charisma entwickeln kann? Schlüsselsatz: *Du musst dich nicht verändern, sondern nur entdecken, denn es steckt schon alles in dir drin.*

Marcel Reich-Ranicki lispelt sehr stark. Hat ihn das in irgendeiner Weise als Literaturkritiker behindert? Wer hat gesagt, dass man mit einer hohen Stimme keine Autorität haben kann? Steve Jobs hat eine ziemlich hohe Stimme – und ist einer der stärksten Redner unserer Zeit. Zu klein, zu groß, zu bucklig, zu leise, zu analytisch, zu plakativ, zu langweilig, zu schnell – alles Quatsch. Du hast keine Schwächen. Du hast Eigenschaften. Und die Eigenschaften, die dir bei dem helfen, was du tun willst, die setzt du ganz bewusst ein. Viel wichtiger ist, dass du weißt, WAS du tust und WARUM du es tust.

Gesellschaftsspieler erreichen Ziele. Aber nicht ihre eigenen. Sie leben einen Glauben. Aber nicht den eigenen. Sie erfüllen einen Sinn. Doch auch der ist meistens von außen vorgegeben. Wenn du sie fragst, was der Sinn des Lebens ist, schauen sie dich vorwurfsvoll an. Wie kann man nur eine solche Frage stellen!

Dabei wissen sie nur keine Antwort darauf. Ihr Leben erfüllt sie nicht. Es leert sie mit jeder Sekunde mehr und mehr aus. Gierig und wahllos verbrennen sie ihre Zeit bei immer verzweifelteren Lebensversuchen. Bis die Uhr abgelaufen ist.

Wenn du dir von anderen Menschen ihren Willen aufzwingen lässt oder ihren Verhaltensanforderungen nachgibst, verlierst du immer dein inneres Gleichgewicht. Du wirst unzufrieden. Warum? Weil das tief in dir verankerte Gefühl der Freiheit herausgefordert wird. Das ist gut. Es kommt nur darauf an, ob dich die Unzufriedenheit zum Handeln bringt oder ob du kapitulierst.

Keine Klinke putzen,
kein Blatt vor den Mund nehmen,
keine Kröte schlucken.

Als Trainer könnte ich nach der Logik des Gesellschaftsspiels an mir arbeiten. Ich könnte Körperspracheseminare belegen, die besten Sprechtrainer buchen, arbeiten wie ein Ochse und so viele Termine wie möglich annehmen. Ich könnte meine Entwicklung sehr einfach messen: In meiner Branche muss ich nur meinen Tagessatz anschauen. Ich könnte mir das Ziel setzen, ihn so weit wie möglich in die Höhe zu jazzen. Würde ich so ticken, würde ich wahrscheinlich sogar ein Digital-Display mit Anzeige meines aktuellen Tagessatzes in meinem Büro aufstellen, inklusive Fieberkurve über die letzten drei Jahre und Forecast bis 2015: von 50 Euro über 5000 Euro zu 50 000 Euro. So sieht Erfüllung im Gesellschaftsspiel aus. Scheinbare Erfüllung.

Ich muss das aber nicht so sehen. Ich kann stattdessen fragen: »WAS will ich wirklich?« Denn in der Antwort liegt die ganze, endlose Kraft meines Willens. »Ich will der beste Redner werden, der ich sein kann.« Punkt. Dann frage ich: »WARUM will ich das?« Denn in der Antwort liegt der Sinn meines Tuns. »Weil ich so am besten Menschen erreichen kann. Ihnen helfen kann, ihr Potential zu entfalten.« Alles andere kommt von selbst. Alles zu seiner Zeit. Ich werde hineinwachsen. Von einer Sekunde auf die andere ist aller Druck gewichen. Und eines Tages werden Leute von selbst in mein Seminar kommen. Weil ich es ihnen wert bin. Ich muss diesen Tag nicht herbeisehnen. Er wird ganz einfach von selbst kommen. Er ist das logische Ergebnis meines Wachstums.

Ein einziger Gedanke, und alle schlechten Gefühle sind aufgelöst. Angst, Konkurrenz, Vergleiche, Urteile. Ich muss niemandem schmeicheln oder andere schlechtmachen, um mich aufzuwerten. Ich muss mich nicht verkaufen oder von meiner besten Seite zeigen. Keine Klinke putzen, kein Blatt vor den Mund nehmen, keine Kröte schlucken, keinen Diener machen und keine gute Miene zum bösen Spiel. Ich wachse, werde besser, bin geduldig. Sofort bin ich mit mir im Reinen. Ich versuche, nichts zu ändern. Ich nehme alles an, was kommt, und lebe meinen Sinn bis zur Erfüllung.

Erfüllung bedeutet, eins zu sein mit sich und dem Leben. Dein Leben mit deinem Willen vollkommen frei zu gestalten und diese Visionen dann Realität werden lassen. Du erkennst Erfüllung bei anderen Menschen an der leuchtenden Gelassenheit, an dem In-sich-ruhen. Ich halte immer Ausschau nach ihnen und freue mich über jeden gelassenen, in sich ruhenden Menschen, den ich treffe. An ihnen orientiere ich mich.

Vor kurzem habe ich wieder so einen Menschen kennengelernt: Volker ist 68 Jahre und gerade zum zehnten Mal durch die Sahara gelaufen. Seine Freunde nennen ihn ehrfurchtsvoll Ali Baba. Ali Baba ist kerngesund, in sich gefestigt, ein ruhender Pol und hat ein Lebensmotto: Ich mache nichts mehr, was ich nicht will und keinen Spaß macht.

Und woran erkennst du Erfüllung bei dir selber? – Schlüsselsatz: *Wer einer Sache Meister ist, soll einer neuen Sache Schüler werden.*

Im Erreichen von Zielen bin ich schon sehr weit gekommen. Aber ich bin ja noch jung und noch beileibe kein Meister im Bewusstseinsspiel. Darum habe ich noch viel Luft nach oben, wenn es darum geht, ein erfülltes Leben zu führen. Es sind einzelne erfüllte Momente, an die ich mich erinnere. Zum Beispiel letzten Winter, als ich meine erste Skitour gemacht habe – eine Wanderung auf speziellen Tourenski mit offener Bindung und Steigfellen darunter. Damit kommst du auch Steilhänge hoch.

Mutterseelenallein bin ich über einen abgeschiedenen Weg auf einen Berg gewandert, auf den kein Lift führt, zweieinhalb Stunden zwischen den schroffen Felsen der Dolomiten hoch. Ich war frei, losgelöst, vollkommen bei mir. Ich habe genossen: die Natur, die frische Luft, die unglaubliche Schönheit der verschneiten Berge, die Ruhe, meinen gleichmäßigen Atem. Ich fühle und sehe heute noch verschneite Felsen vor mir, wenn ich an diese Tour zurückdenke. Aber ich fühle die Bilder eher, als dass ich sie sehe. Denn während der gesamten Tour habe ich einfach an NICHTS gedacht.

100 Prozent Christian Bischoff

Die Bestätigung von außen war früher ein wichtiger innerer Antrieb für mich. Die Magnetnadel, nach der ich meinen Weg ausgerichtet habe. Vor allem als Basketballtrainer war das so. Heute ist das anders. Ich frage mich nicht mehr, was die Zuschauer denken. Sie wollen meinen Vortrag hören. Sie kommen, um mich zu sehen. Genau das gebe ich ihnen.

100 Prozent Christian Bischoff. Dafür stehe ich jeden Morgen auf, dafür lege ich mich abends schlafen.

Wenn du so weit bist, dann bist du sicher in dem, was du tust. Dann haut dich so leicht nichts mehr um, dann hast du Kontrolle über dein Leben. Das gilt auch für Kleinigkeiten.

Ich bin total naiv geworden.

Standing brauchst du nicht zu üben. Du musst kein Buch über Selbstverteidigung im Business-Alltag lesen, um dich durchzusetzen. Alles, was du brauchst, ist die Sicherheit, die richtige Person am richtigen Ort zu sein und zu wissen, was du tust und warum du es tust. Dann hast du eine feste Stimme. Dann kannst du Blickkontakt halten. Innere Festigkeit ist die Folge von Sinn und die Basis für Erfüllung.

Zu Beginn meiner Karriere als Redner haben mir einige Leute unglaublich geholfen. Hermann Scherer zum Beispiel. Ich habe mir fast ein ganzes Jahr angeschaut, wie er den Job macht. Heute beobachte und vergleiche ich mich mit niemandem mehr. Ich bin total naiv geworden. Ich höre, dass andere über mich reden. Ich weiß, die Branche beobachtet mich – der eine empfiehlt mich, der andere kritisiert mich. Aber ich schaue nur noch auf mich selbst. Ich weiß einfach, dass ich meinen eigenen Weg gefunden habe. Den gehe ich jetzt.

Echte Erfüllung erwächst aus Sinn, und Sinn erwächst aus Selbstbestimmung. Das kannst du überall beobachten. Sogar an deutschen Schulen.

Nach meinem Vortrag kommt eine Schülerin zu mir. Sie erzählt, dass ihr Papa einen Gehirntumor hat und alle den ganzen Tag weinen. Während meines Vortrages habe sie gelacht.

Ein Junge kommt und erzählt, dass er ständig Bauchweh habe vor Angst, die 7. Klasse nicht zu schaffen. Und zum ersten Mal habe er keine Bauchschmerzen mehr. Er wolle sogar in Mathe wieder Gas geben. Noch sei es nicht zu spät.

So stehen sie dicht an dicht in der Schlange. Und einer nach dem anderen tritt vor. Ich sitze am Bühnenrand, damit wir uns in die Augen sehen können. Das nimmt ihnen die Angst, und sie sprechen ganz offen. Wenn du sie richtig ansprichst und annimmst, sind Kinder und Jugendliche viel offener als wir Erwachsene. Nicht nur, dass sie echt und unverstellt sagen und leben, was ihnen durch den Kopf geht. Jedes kurze Gespräch ist wie ein Brennglas auf ein Schicksal. Manchmal auf das Schicksal einer ganzen Familie. Sie schauen mir in die Augen mit ihrer ganzen Jugend und Energie und erzählen, wie sehr sie mein Vortrag berührt hat und was sie für ihr Leben mitnehmen. Sie kommen, weil sie noch ihr natürliches Mitteilungsbedürfnis haben. Und weil sich das ziemlich aufgestaut hat. Denn obwohl sie den ganzen Tag zugetextet werden, redet niemand wirklich mit ihnen. Die Lehrer hängen so in ihrem Hamsterrad Wissensvermittlung, dass emotionale Kommunikation viel zu kurz kommt. Glück, Scheitern, Druck, Angst, Erfolg, Liebe – die Kinder werden mit den Dingen, die sie bewegen, einfach alleine gelassen. Und ich bin geschockt, wie wenig in den Familien gesprochen wird. Weil die Eltern überfordert sind. Weil sie selbst ziel-, sinn- und antriebslos durchs Leben stolpern.

Würde ich meinen Beruf als Show-Act betrachten, würde ich meine Zuhörer mechanisch abarbeiten. Einmal Händeschütteln – der Nächste bitte. Doch damit würde ich den eigentlichen Lohn meiner Arbeit zerstören. Denn genau das ist der Lohn meiner Arbeit: die Energie, die zwischen mir und den Menschen fließt.

Das passiert ganz natürlich und immer intensiver: Die Kinder und Jugendlichen wollen die Distanz abbauen, die zwei Stunden zwischen Publikum und Redner da war. Wollen meine Hand schütteln, mich berühren, sich meiner versichern, den Beweis führen, dass ich da bin. In diesem Moment des Austauschs steckt Magie. Denn das macht Sinn, hier wird Erfüllung übertragen.

Karsten Tadda, heute Basketball-Profi in Bamberg, habe ich sieben Jahre lang trainiert. Als sich unsere Wege getrennt haben, hat er mir ein beschriebenes Spielerposter geschenkt: »Danke für die unvergesslichen sieben Jahre mit dir. Danke, dass du mich durch meine Höhen und Tiefen begleitet hast. Danke, dass du mich immer positiv unterstützt und nie aufgehört hast, an mich zu glauben.«

Als er mir das Poster in die Hand drückt, umarmt er mich und sagt: Du bist der beste Trainer. Was ist Erfüllung? DAS ist Erfüllung! Einen positiven Unterschied im Leben anderer Menschen zu machen!

Du musst kein Trainer sein, um diesen Energiefluss zu erleben. Du musst dich einfach nur auf dein Gegenüber einlassen. Wertschätzen. Verstehen. An ihn glauben. Mehr nicht.

11. Kapitel – Das Bewusstseinsspiel

Wann das Leben stattfindet

»Heiko! Halt! Aufsitzen! Komm schon!« – Mit meinem Teampartner auf dem Rücken mache ich die letzten der 250 000 Meter. Ich trage ihn über die Ziellinie. Wir sind da. 250 Kilometer und 15500 Höhenmeter liegen hinter uns – von Deutschland nach Italien über die Alpen!

Seit über einem Jahr hatte ich dieses eine Bild vor Augen, habe diese Sekunde tausend und abertausend Mal in meinen Gedanken erlebt. Jetzt ist sie Wirklichkeit geworden. Ich falle auf die Knie und küsse Heikos Füße. Spüre endlose Dankbarkeit. Dafür, dass ich diesen Moment erleben darf.

Gemeinsam mit Heiko habe ich Täler durchschritten und Gipfel überquert – emotional wie real. Hoffnung, Angst, Quälerei, Freude, Zweifel, purer Genuss – ich habe jeden Millimeter dieses Weges, jeden Kieselstein auf diesen Jahrmillionen alten Bergen mit meinem inneren Selbst verbunden und mich dabei mit Leben angefüllt. Ich habe geblutet und geschwitzt, bin gewankt, gestürzt und wieder aufgestanden. Ich habe mein Ziel erreicht. Meinen Glauben gelebt. Meinen Sinn erfüllt. Nichts wird so sein wie vorher. Dieses Erlebnis hat mich verändert. Ich habe kraft meines Willens meine Grenzen verschoben.

Ich recke die Fäuste in den Himmel und schreie so laut ich kann: »Jaaaaaaaa!«

Mein Sprung

Ich habe dir viel erzählt von Inspiration, Selbstbestimmung, Fokus, Zielen, Träumen, Wünschen, Glaube, Sinn, Wille, Erfolg, Glück und Erfüllung – in dieser Reihenfolge. Ich habe dir zu Beginn das Gesellschaftsspiel vor Augen geführt, und mittlerweile weißt du, wie das Bewusstseinsspiel funktioniert.

Wenn ich von Zielen, Glaube und Sinn spreche, dann sage ich immer: Du musst dich hineinentwickeln. Du hast das Potential und du wirst dich verwandeln zu dem Menschen, der so erfolgreich, glücklich und erfüllt ist, wie du es dir gewünscht hast – wenn du es nur wirklich WILLST. Und ich habe gesagt: Du schaffst das eher später als früher, denn Entwicklungen im Innern ziehen Entwicklungen im Außen nach sich, aber es dauert seine Zeit.

Es gibt aber einen Punkt in deiner persönlichen Entwicklung, der nicht das Produkt einer allmählichen Entwicklung ist. Dieser Punkt ist die Entscheidung. Schlüsselsatz: *Die größte Macht in deinem Leben ist die Macht der Entscheidung.* Diese Entscheidung triffst du in einer Sekunde. Du überschreitest eine Schwelle, du springst über einen Abgrund, du überquerst den Rubikon. Danach ist nichts mehr wie zuvor. Du kannst auch nicht wieder zurück.

Mit diesem Sprung beginnst du zu leben. Etwas aus deinem Leben zu machen. Du hörst auf, gelebt zu werden. Du kannst nicht ein bisschen bewusst leben und gleichzeitig ein bisschen nach der Pfeife von anderen tanzen. Fast alles im Leben ist eine Mischung, es gibt kaum schwarz und weiß, das meiste sind Grautöne. Aber in diesem einen Punkt gibt es nur ein Entweder-oder. Du musst springen. Das ist deine einzige Pflicht.

Ich denke, dass viele Menschen an einem bestimmten Punkt ihres Leben vor diesem Abgrund stehen. Sie stehen auf der Seite des Gesellschaftsspiels. Auf der anderen Seite sehen sie klar und deutlich das Bewusstseinsspiel: das Leben, das sie innerlich gerne selbstbestimmt führen würden. Sie begutachten den Abgrund. Sie sind sich sicher, dass sie mit genügend Anlauf auf die andere Seite kämen. Doch aus irgendeinem Grund packt sie die Furcht und die Angst und ... sie springen nicht!

Ich erzähle dir, wie mein Sprung war. Das war kein Drama, kein Hängen über einer Schlucht, kein überlebter Flugzeugabsturz, kein Tod eines geliebten Menschen, keine soziale Revolution. Mein Sprung fand ganz banal zu Hause statt, am Schreibtisch, mit Papier und Stift. Im Nachhinein sieht es ganz einfach aus. Damals war ich Basketballtrainer. Jung, erfolgreich, mit einer großen Zukunft vor mir.

Basketballtrainer verbringen ja die meiste Zeit beim Training oder in der Halle, richtig? Denkste! Elend viel Zeit geht für Meetings drauf. Taktik, Organisation, Strategiegespräche, Sponsoren- und Pressetermine. All das frisst dir die Zeit. Ständig saßen wir rum und quatschten mit Trainern, Reportern, Managern und Sponsoren. Diese Termine waren mir zuletzt immer schwerer und schwerer gefallen. Ständig tausend Meinungen. Ich zwischen allen Stühlen. Nichts wurde nachhaltig besser. Das war extrem frustrierend. Ich war überhaupt nicht mehr richtig bei der Sache.

**Du musst springen.
Das ist deine einzige Pflicht.**

Es war wieder einer dieser unbefriedigenden Tage gewesen, einer von zu vielen in letzter Zeit. Was war los mit mir? Stimmt etwas mit mir nicht? Ich habe mich an diesem Abend an den Schreibtisch gesetzt und mich schreibend selbst erforscht. Mein Kopf hat die Fragen gestellt. Mein Herz die ehrlichen Antworten gegeben. Es war ganz leicht, ich musste ja nur in mich hineinspüren und zwischen ja und nein unterscheiden.

Macht mich die aktuelle Situation glücklich?

Nein.

Ist es nur im Moment so? Werde ich dauerhaft in meinem Beruf glücklich werden?

Nein.

Will ich langfristig mit dem Typ Mensch zu tun haben, mit dem ich täglich zu tun habe?

Nein.

Kann ich diese Menschen ändern?

Nein.

Will ich etwas ändern?

Ja.

Will ich mich selbst ändern?

Ja.

Will ich einen anderen Beruf?

Ja.

Welcher Beruf macht mich glücklich?

?

Von deinem Herzen bekommst du nur ein Ja oder ein Nein zur Antwort. Eine offene Frage, wie diese letzte, kann dir nicht dein Herz, sondern nur das Leben beantworten.

Ich wusste, das Leben hatte mir die Antwort bereits auf dem Silbertablett serviert, aber sie war nicht in meinem Kopf. Ich hatte es noch nicht kapiert. Also nahm ich ein neues Blatt Papier. Und fasste den Vorsatz, das Zimmer erst dann wieder zu verlassen, wenn ich dieses Problem gelöst hatte. Erschöpft wie nach einem Marathon saß ich nach drei Stunden auf der Bettkante. Nicht nur meine Finger schimmerten silbern vom Graphit des Bleistiftes, auch mein Zettel war gezeichnet von meinem Kampf. Ganz oben auf dem obersten Zettel stand das Ergebnis wie das 3:2 im Berner Wankdorfstadion.

Meine fünf größten Stärken:

1. Kraft zur Vision
2. Willenskraft
3. Lebenslanger Lerner
4. Absoluter Fokus
5. Übernimmt Verantwortung

Meine Lider waren schwer. Aber mein Verstand hellwach. Ich sah mich als Mensch ganz klar vor mir. Und ich dachte an meine Stärken: meine ausgeprägte Persönlichkeit, meinen Individualismus, mein Selbstvertrauen. Und die Probleme, die sie mir eingebracht hatten.

Denn interessant war das schon: Gerade meine Stärken wurden mir von manchen in meinem beruflichen Umfeld als Schwächen ausgelegt. Fokus wurde so zu übertriebenem Ehrgeiz. Lebenslanger Lerner: ewig unzufrieden, Miesepeter. Verantwortung: Großmaul, Besserwisser. Willenskraft: Egoist. Kraft zur Vision: abgehobener Spinner. Ideenverwirklicher: geht über Leichen. Die Krux des Lebens ist, dass alles zwei Seiten hat – und jede individuelle Stärke auch als Schwäche interpretiert werden kann. Schlüsselsatz: *Wenn du dich im falschen Umfeld befindest, werden dir deine wertvollsten Stärken als Schwächen ausgelegt.*

In diesem Moment habe ich kapiert, dass meine Unzufriedenheit und die Kritik der anderen eine Botschaft des Lebens waren. Es teilte mir mit, dass ich mich mit meinen Stärken im falschen Umfeld befand. Ich konnte mein Potential nicht voll entfalten – Unzufriedenheit, Frust in Meetings und Diffamierungen waren nur Symptome. Die Ursache lag in mir. Da wusste ich, dass ich meine Situation ändern muss. Jetzt wurde mir erst klar, was das bedeutete: Berufswechsel. Ich werde meinen Lebensunterhalt mit etwas komplett anderem verdienen. Ich werde meinen Tag mit vollkommen anderen Tätigkeiten füllen, mein Kopf wird sich mit vollkommen anderen Herausforderungen und Ideen beschäftigen. Ich werde etliche Menschen hinter mir lassen und nicht zurückschauen. Ortswechel, Umzug. Ich reiße die Brücken hinter mir ein. Ich gehe fort.

Und wohin?

Bischoff – was willst du eigentlich von uns!?

Jetzt bin ich also Redner. Heute spreche ich vor den Liftarbeitern in Kaprun. Der Chef begrüßt mich an der Talstation und stellt mich den gut hundert Männern vor. Ich hab mir extra ein Intro ausgedacht, das zu dem tollen Bergpanorama passt. Nach meinem kurzen Warm-up klettern wir nacheinander in den Lift. Rauf geht's zur Bergstation. Hier oben ist es zwar eng und zugig, aber auch das passt – »Raus aus der Komfortzone«. So will es die Unternehmensspitze. Gemeinsam erreichen wir das nächste Level. So ist das gemeint. Wetter top, Symbolik spitze, ich freue mich auf einen tollen Vortrag. Herrmann hat dem Inhaber der Liftgesellschaft von mir erzählt, und der war so begeistert, dass er mich unbedingt haben wollte, um seine Arbeiter auf den Saisonauftakt einzustimmen. Doch die Stimmung ist irgendwie auf der Kippe.

»Wir haben Feierabend. Und jetzt noch mal zwei Stunden hier oben!« stöhnt einer. Mein Gefühl trügt also nicht. Ich schaue auf die Uhr. Wahrscheinlich wollen die Herren pünktlich zum Sonnenuntergang 17:27 österreichischer Winterzeit auf der Couch sitzen und ihr erstes Bier aufmachen. Ich atme durch und starte meinen Vortrag.

Doch nach zehn Minuten blicke ich in hundert fragende Gesichter. Im Comic würden über den Köpfen bunte Fragezeichen schweben. Über meinem eine riesige Sprechblase voller chinesischer Schriftzeichen. Ich könnte genauso gut zu den Schneekanonen und Pistenraupen sprechen. In den meisten

Augen ist deutlich sichtbar abzulesen: »Bischoff, was willst du eigentlich von uns?«

Diese Menschen hätten mich verstehen können. Aber sie wollten nicht. Sie wollten einfach nur pünktlich nach Hause. Sie wollen ihr Bier trinken und ihre Wurst essen. Alles andere war für sie vollkommen uninteressant. Sie waren so in ihren Alltag betoniert wie die Fundamente der Seilbahn in den Berghang. Also hab ich's einfach kurz gemacht. Den Vortrag innerhalb von Sekunden umgebaut, ihnen noch ein paar Gags serviert und dann gesagt: »So, und jetzt trinken wir gemeinsam einen!« Die Freude war groß, man konnte sich dem Wesentlichen widmen. Aber drei sind zu mir gekommen. »Klingt irgendwie spannend, was du sagst«, meinten sie. Wir haben uns den ganzen Abend unterhalten.

Dieses Erlebnis machte mir klar, dass die entscheidende Fähigkeit zum Eintritt in das Bewusstseinsspiel nicht mit der Gießkanne verteilt wurde. Ich glaube fest daran, dass jeder über sich nachdenken kann. Aber du musst es auch wollen. Du musst das Wollen wollen. Das ist so ein Wille zweiter Ordnung, ein Meta-Wille, wenn du so willst. Wer ins Bewusstseinsspiel will, muss freiwillig aus sich heraustreten und sich und sein Handeln reflektieren. Der muss die Einstellung haben: Ich will MEINEN Weg gehen. Ihn muss die Neugierde packen: Wie viel mehr Spaß, Freude und Genuss kann mir mein Leben bereiten, wenn ich für eine Sache voll einstehe – wenn ich meinen Lebenssinn lebe? Seilbahnperspektive: Du steigst über das Geschehen auf und analysierst es neutral, wie von außen. Manchmal, wie im Fall der Liftarbeiter, sind es nur drei unter hundert, die das wollen. Die sind kurz vor dem Sprung.

Jenseits aller Limits bin ich ganz bei mir

Ich erreiche drei. Ich erreiche dreißig. Ich erreiche dreihundert, dreitausend, dreißigtausend. Ich weiß nicht, wo mein Limit ist. Aber ich weiß, wo es nicht ist. Hier, wo ich jetzt stehe, ist es nicht. Das ist mein Lebens-Motto.

Schlüsselsatz: *Der größte Erfolgs-, Glücks- und Erfüllungsfaktor ist die Veränderung.* Veränderung bedeutet Grenzerweiterung. Du weißt nie, was kommt. Egal, ob sportlich, privat oder beruflich – jenseits aller Limits wartet das unvergleichliche Gefühl, es mal wieder geschafft zu haben.

Meinen Basis-Vortrag kenne ich in- und auswendig. Ich weiß, wie er bei meinen Zuhörern wirkt und wie gut er ankommt. Trotzdem oder gerade deswegen halte ich morgen einen völlig neuen. Ich verschiebe mein Limit. Von vier neuen Schlüsselsätzen werden drei gut ankommen, einer nicht. Ich werde sie analysieren und wieder ein neues Level erreichen.

Ich verlasse bewusst das vertraute Terrain, die Komfortzone. Immer nur das zu tun, womit du dich wohl fühlst, ist ein ganz mieser, perfider Ratschlag. Dein Wohlgefühl ist ein schlechter Wegweiser, wenn es um Wachstum und Fortschritt geht. Wenn du dich unwohl fühlst, unsicher, wackelig, ungeschützt, dann bist du richtig, dann lernst du, dann veränderst du etwas, dann wächst du.

Häufig lasse ich bewusst alles Bewährte, Erprobte und Bekannte hinter mir. Ich muss mich der Herausforderung stellen, ich will mich spüren. Ich will das Leben spüren, die Anspannung, die Botschaft des Körpers, dass er voll wach ist, voll da, voll in der Gegenwart. Weil er voll gebraucht wird. Ich stehe im Scheinwerferlicht. Alle Augen sind auf mich gerichtet. Und ich bin ganz auf mich gestellt. Nur Christian Bischoff und das Publikum. Kein Netz, kein doppelter Boden. Es gibt kein Zurück. Wer hat gesagt, du musst? Ich selbst.

Muss ich? – »Christian, du hast eine Anfrage von Conti. Termin ist schon geblockt. Kollidiert nur leider mit deiner Radtour. Zusage?«, ruft mein Manager aufgekratzt durchs Telefon. Ich überlege kurz. »Nein. Absagen. Ich will mit meiner Frau die Tour machen.«

Ich höre, wie ihm die Kinnlade runterfällt. »Jemand zu Hause, McFly? Dieser Kunde ist unter den Top Ten auf deiner Zielliste! Große Marke, sichtbar im Markt. Spitzen-Referenz! Hab ich richtig gehört? Du willst … ABSAGEN?« Beim letzten Wort versagt ihm beinahe die Stimme.

»Hast schon richtig gehört.« Ich lege auf.

Zwanzig Minuten später ist er wieder an der Strippe. Er lässt nicht locker. »Hör mal, Christian. Hab noch mal telefoniert, die sind echt hartnäckig. Ich soll dir vom Chef ausrichten, der Sommer hat zwölf Wochen, aber die Führungskräftetagung ist nur einmal. Sie würden sich echt freuen, dich an Bord zu haben. Außerdem wollten sie unbedingt deine Handynummer. Ich war so frei. Wir wollen ja nicht unfreundlich sein.«

Wer hat gesagt du musst? Ich selbst.

»Boah, Leute!« Ich stehe auf. »In meinem Kalender steht Urlaub! Hier geht's doch nicht um Geld.« Da blinkt auch schon das Display meines Handys. +4989 … – Das Gerät tänzelt stumm im Takt des Vibrationsalarms über die Tischplatte auf den Rand zu. In diesem Moment trete ich aus mir heraus. Und sofort verstehe ich. So spricht es also zu mir, das Gesellschaftsspiel. Es will mich versuchen. Es flüstert mir ins Ohr: »Sag zu! Sack das Geld ein! Lerne nicht nur Schmidtchen kennen! Sondern auch Schmidt! Du musst einfach nur rangehen, Mann!« Es säuselt, es lockt, es prüft mich. Doch ich zucke nur die Achseln. Wer sagt, dass ich muss? *Ich* sage, was ich muss. Ich drücke auf »Ablehnen«, schalte das Handy aus und fahre nach Hause. Ich freue mich auf die Zeit mit meiner Frau. Wir gehen Radfahren in Südtirol.

Wann das Leben stattfindet? Jetzt.

Greg, der Streuner

»Was stinkt hier so erbärmlich?«, frage ich mich, als ich mit Irinas Rad auf der Schulter den Radkeller unseres Hotels betrete. Wir sind eben in Meran angekommen, dem Ziel unserer Südtirol-Tour. Irina geht schon mal aufs Zimmer. Hier unten im Dämmerlicht beugt sich ein ausgemergelter Mann mit dünnem, fettigem Pferdeschwanz in Radlerhose und Unterhemd über sein Rad. Seine knochigen, öligen Finger fummeln am Kettenumwerfer. Flink greifen sie in eine zerschlissene Werkzeugtasche, die nur noch von Buttons, Aufnähern und Dreck zusammengehalten wird. »Melbourne«, »Madagaskar« und »Peru« lese ich darauf zwischen arabischen und fernöstlichen Schriftzeichen. Obwohl ich den Mann als Ursprung des Duftes ausgemacht habe, der zwischen den Noten »Nasser Hund« und »Chinesischer Staatszirkus« oszilliert, spreche ich ihn an.

Er heißt Greg. Wir unterhalten uns fast eine Stunde. Ich kann mich einfach nicht losreißen. Dieser Typ fasziniert mich. Er kommt aus Nordirland und radelt seit neun Jahren um die Welt. Wenn er kein Geld mehr hat, geht er in ein Restaurant und fragt, ob er einen Tag Geschirr spülen darf. An einem guten Tag kommt er so auf 60, 70 Euro. Und mit dem Geld kommt er wieder eine Woche über die Runden. Eigenheim, Altersversorgung, das alles interessiert ihn nicht. Er hat keine feste Route, keinen festen Termin, an dem er wieder in Irland sein will. Du kannst natürlich fragen: Wo will der nur hin? Oder: Wovor haut der denn ab? – Er hat es nicht so formuliert, aber ich weiß: Er will nirgendwohin, er flüchtet vor nichts, er ist schon angekommen. Sobald er im Sattel sitzt, ist er schon da: bei sich selbst. Er kennt keine Furcht. Er kennt kein Streben. Er wird Rad fahren, bis er die Augen zumacht.

Den ganzen Abend habe ich nur über diesen Mann nachgedacht. Woher kommen diese unglaubliche Gelassenheit und die innere Ruhe, die er ausstrahlt? Ein so unstetes Leben und eine so große Selbstsicherheit – wie passt das zusammen? Kennt der keine Furcht?

Was fürchten die meisten Menschen, Greg aber nicht? – Antwort: den Tod. Schlüsselsatz: *Menschen, die den Tod fürchten, haben Angst, im Leben etwas zu verpassen*. Warum? Der Tod ist endgültig. Dann können sie nichts mehr nachholen. Sie wissen, wenn der Tod heute käme, hätten sie nicht das gemacht, was sie wirklich wollten. Warum nicht? Sie tun nicht die Dinge, die sie wollen. Warum? Weil sie die großen, wichtigen Ziele, die sie im Leben erreichen wollen, nicht kennen, nicht sehen. Warum kennen sie sie nicht? Weil sie Angst vor ihnen haben. Warum das denn? Weil sie Angst haben zu versagen. Darum verschließen sie lieber die Augen vor dem eigenen Potential, vor der eigenen Großartigkeit, vor der Großartigkeit der Welt um sie herum. Damit nicht auffällt, wie suboptimal sie ihre Zeit nutzen.

Wie unbegründet diese Angst vor der eigenen Größe ist, kannst du von Greg lernen. Was hat er erreicht im Leben? Was will er erreichen? Na, heute will er Meran erreichen, morgen Belluno und übermorgen Venedig. Das war's schon. Ansonsten ist er einfach schon da – einfach er selbst.

Von dieser faszinierenden Spezialausgabe der Gattung Mensch, die sich zwar nur einmal im Monat wäscht, aber dafür jeden Tag ein erfülltes Leben führt, habe ich gelernt, dass Lebensziele keine große Sache sind. Schreib sie einfach auf. Hau sie einfach aufs Papier. Das ist kein Staatsakt. Du kannst sie auch wieder ändern, neue hinzufügen, alte streichen. Um herauszufinden, was du willst, musst du keinen Philosophen engagieren, keinen Psychologen und keinen Coach. Du brauchst keinen Sterndeuter und keinen Blick in die Glaskugel. Du brauchst kein mehrwöchiges Selbsterfahrungsseminar und kein einschneidendes Erlebnis. Eher schon einen Tritt in den Hintern.

Du fragst, wo in dem Leben von Greg, dem Streuner, das Wachstum liegt? Frag dich lieber erst einmal, was du überhaupt für Wachstum hältst. Viele denken dabei immer an Zahlen. Geld, Status, Erfolg. Doch das ist nur eine von endlos vielen Möglichkeiten. Greg hat Wachstum auf seine Art definiert: Er will in jede Ecke der Welt schnüffeln. So gesehen wächst er jeden Tag.

Dabei sieht er täglich seine kleinen Ziele in neue Erfahrungen verwandelt. Das ist echtes Leben. Schlüsselsatz: *Das Leben ist eine Ansammlung von Erfahrungen, deren Häufigkeit und deren Intensität.* Welche Erfahrungen du wie intensiv machst, das bestimmst du selbst.

Greg radelt um die Welt. Herrmann macht seine Firma groß. Heiko rennt durch die Wüste. Neil steht im Guinness-Buch der Rekorde. Dirk spielt NBA, Karsten Bundesliga. Slay coacht. Mike gibt Autogramme. Mladen und Boge wischen den Boden. Dobro lehrt. Dick & Rick sind Iron Men. Ich renne über die Alpen.

Das Bewusstseinsspiel spielen heißt, mit den bunten Vögeln fliegen. Auch du kannst fliegen. Wenn du mal wieder Angst davor hast, stelle dir drei Fragen:

»Warum nicht?«

»Warum nicht ich?«

»Warum nicht jetzt?«

Du lebst nur einmal. Lebe auch so, und mach was draus. Ich wünsche dir dabei alles Gute.

Herzlichst,
Dein Christian Bischoff

Nachwort

Lieber Leser,

ich bin der festen Überzeugung, dass dieses Buch dein Leben zum Positiven verändern kann …
Wenn du bereit dafür bist!
Du hast viel erfahren. Nimm dir Zeit zum Nachdenken, Reflektieren, Planen und Umsetzen.

Gerne unterstütze ich dich dabei:
Alle Schlüsselsätze dieses Buches kannst du dir als Gratis-Zulage in einer Willenskraft-PREMIUM-PDF kostenlos herunterladen unter:

www.christian-bischoff.com/willenskraft

Ich würde mich sehr freuen, wenn wir uns auf einem meiner Seminare persönlich kennenlernen. Weitere Informationen findest du unter:

www.christian-bischoff.com

Mit bestem Willen,
Christian Bischoff

Epilog

Die Sexten-Mädels

Vor einigen Monaten ging der Transalpine Run zu Ende. Ich erinnere mich gerade an eine Szene: Auf der vorletzten Etappe waren wir gerade beim Einstieg in einen Hang, als Heiko sagte: »He, guck mal, wer da vorne läuft! Das ist die Chance. Wenigstens einmal will ich mit den beiden auf gleicher Höhe laufen.«

Er meinte Martina und Elisabeth. Seit ein paar Jahren tauchen die beiden mit schöner Regelmäßigkeit ganz vorne im Endklassement des Transalpine Run auf. Wir holten an diesem Hang alles raus und waren tatsächlich dran an den beiden, bevor wir sie wieder ziehen lassen mussten. Am Ende waren sie über eine Stunde vor uns im Ziel. An diesem Abend beim Essen hatte ich sie zum ersten Mal angesprochen.

Und jetzt, ein paar Monate später, sind meine Frau und ich in Sexten, mitten in den Südtiroler Dolomiten, dort wo Martina und Elisabeth zu Hause sind. Wir begrüßen die beiden in der abgelegenen Hütte, in die wir uns für unseren Skiurlaub eingemietet haben. Im Winter arbeiten Martina und Lee hier als Skilehrerinnen. Meine Frau hat bei Martina einen Skikurs belegt, heute ist unser letzter Abend, und wir haben sie zum Abschiedsessen eingeladen.

Wir sitzen zusammen an einem uralten Bauerntisch vor unserer Brotzeit. Draußen fällt der Schnee. Martina und Lee kennen die Berge wie ihre Westentasche. Sie erzählen aus ihrer gemeinsamen Kindheit – wo sie die leckersten Blaubeeren gesammelt haben. Wo sie sich beim Gewitter versteckt haben. Wie sie die Eier aus dem Hühnerstall des Dorfschullehrers geklaut haben. Wie ihre Großeltern noch von der Viehwirtschaft gelebt haben. Auf Höfen, die von Generation zu Generation weitergegeben wurden.

Es hat aufgehört zu schneien, und die Sterne blinken durchs Fenster – schön wie im Traum. Ich liebe die Berge. Und die beiden haben ihr ganzes Leben hier oben verbracht. Im Sommer wandern sie mit den Gästen, im Winter fahren sie Ski. Wir haben aufgehört zu reden. Und mitten in die Stille sagt Martina: »Ich habe hier meine Berge. Schöner wird's auf der Welt nicht.«

Da erkenne ich ihr ganzes, wahres, tiefempfundenes Glück. Es schwappt auf mich über. Ich bin dankbar, dass ich diesen Moment erleben darf. Dass wir ihn hier gemeinsam erleben dürfen. Haben die beiden viel Geld? Sicher nicht. Es ist auch das Letzte, was sie brauchen würden. Trotzdem sind sie unfassbar reich. Sie sind angekommen, verbunden mit ihrem tiefsten Selbst und eins mit der Natur.

Ich schaue die beiden Sexten-Mädels an und bin tief beeindruckt. Was ich sehe, ist Schönheit. Wie sie einen geradeheraus anschauen, wie sicher sie sich bewegen, wie ruhig, wie ganz bei sich sie sind. Das ist einfach nur schön.

Es ist spät geworden über unserem Gespräch. Wir umarmen uns zum Abschied, und die beiden stapfen in die 15 cm Neuschnee hinaus.

Meine Frau huscht nach drinnen ins Warme, ich stehe alleine in der trockenen Kälte. Der Mond taucht die Berge in Silber. Majestätisch blicken sie auf mich herab, die drei Zinnen, die weltberühmte Sextener Bergformation. Warum war ich eigentlich noch nicht oben? Warum war ich eigentlich noch nicht auf dem Mount Everest? Warum noch nicht in Neuseeland, Afrika oder in der Taiga? Warum bin ich noch nicht mit dem Rad um die Welt gefahren? Es gibt keinen Grund! Es gibt keinen Grund, auf irgendetwas zu warten. Es gibt nichts, was mich aufhalten kann.

Literaturliste

Christian Bischoff: Mein Trainertagebuch. Das Spiel – Der Weg – Das Leben, Draksal 2008.
Edward Deci/Richard Ryan: Intrinsic motivation and self-determination in human behavior, Plenum Publishing Co. 1985.
Malcolm Gladwell: Überflieger. Warum manche Menschen erfolgreich sind – und andere nicht, Campus 2009.
Heinz Heckhausen/Jutta Heckhausen: Motivation und Handeln, Springer 2005.
Mike Krzyzewsky: Leading with the Heart. Coach K's Successful Strategies for Basketball, Business, and Life, Warner Books 2000.
Jens Uwe Martens, Julius Kuhl: Die Kunst der Selbstmotivierung. Neue Erkenntnisse der Motivationsforschung praktisch nützen, Kohlhammer 2004.
Abraham H. Maslow: Motivation und Persönlichkeit, Rowohlt 1981.
Hilarion Petzold (Hg.): Wille und Wollen. Psychologische Modelle und Konzepte, Vandenhoeck & Ruprecht 2001.
Daniel H. Pink: Drive. The Surprising Truth About What Motivates Us, Canongate Books 2010.
Falko Rheinberg: Grundriss der Psychologie Bd. 6. Motivation, Kohlhammer 2008.
Gillian Riley: Willpower! How to Do Anything You Want to, Vermillion 2003.
Jim Rohn: 7 Strategies for Wealth & Happiness. Power Ideas from America's Foremost Business Philosopher, Three Rivers Press 1996.
Bernard Weiner: Motivationspsychologie, Beltz 1994.

CHRISTIAN
BISCHOFF

DIE PYRAMIDE LEBENSWERK

Am Ende des Lebens stellt sich jeder Mensch die drei gleichen Fragen:
War ich erfolgreich?
War ich glücklich?
Habe ich ein erfülltes Leben geführt?

Die Pyramide LEBENSWERK illustriert, auf welchen Spielfeldern sich unser Leben täglich (un-)bewusst abspielt und welche Faktoren jeder Mensch eigenverantwortlich gestalten kann, um ein Leben nach seinen Vorstellungen zu führen.

DIE SEMINAREVENTS

DIE KUNST,
DEIN DING
ZU MACHEN

↓

DIE KUNST,
SELBSTBESTIMMT
ZU LEBEN

↓

DIE KUNST,
GLÜCK UND ERFÜLLUNG
ZU FINDEN

Diese drei Events vermitteln basierend auf den Inhalten der Pyramide LEBENSWERK, wie jeder Mensch sein Leben eigenverantwortlich und selbstbestimmt gestalten kann, anstatt in Frust und persönlichem Mittelmaß zu versinken.

WWW.CHRISTIAN-BISCHOFF.COM

DIE KUNST, DEIN DING ZU MACHEN

Verstehe, wie Du Schritt für Schritt Deine Visionen und Ziele erreichst. In praktisch allen Seminaren vermissen die Teilnehmer einen klaren Plan, eine konkrete Handlungsanweisung, wie sie nach der Veranstaltung ihre gefassten Vorsätze auch erfolgreich umsetzen können.

DIE KUNST, DEIN DING ZU MACHEN ist strikt an diesem wichtigsten Teilnehmerbedürfnis ausgerichtet. Schritt für Schritt, haargenau und detailliert erfährst Du die zehn Bausteine, die ein erfolgreiches und selbstbestimmtes Leben für Dich möglich machen. Du wirst darüber hinaus in die Lage versetzt, das Gehörte für Dich sofort umsetzbar und damit nutzbar zu machen. Aus Erfahrung wird so: Er-Leben!

Es ist
„Der Handlungsplan für Dein Traumleben".

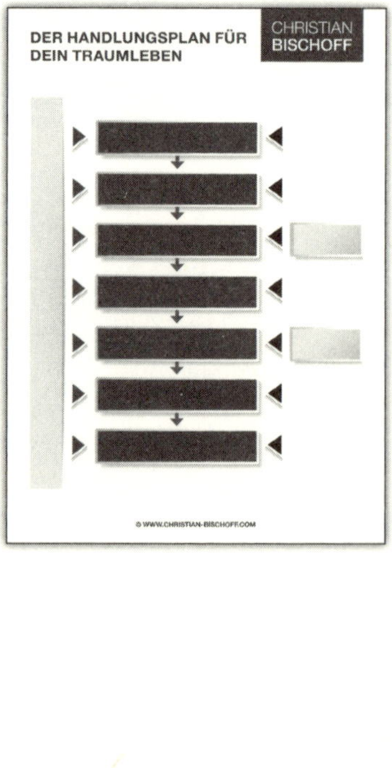

WWW.CHRISTIAN-BISCHOFF.COM

Schritt für Schritt gehst Du Deinen Weg:

Wie Du...
... Dein Potential entfaltest.
... Deine Ziele und Visionen erreichst.
... Deine Probleme, Sorgen und Ängste aus dem Weg räumst.
... Den Sinn Deines Lebens findest.

UND

... Dich nicht mehr von Kritik, Ablehnung und negativem Feedback Anderer aufhalten lässt, sondern mit innerer Stärke und Selbstsicherheit DEIN DING MACHST.

Folgende Bausteine der Pyramide LEBENSWERK sind Inhalt:

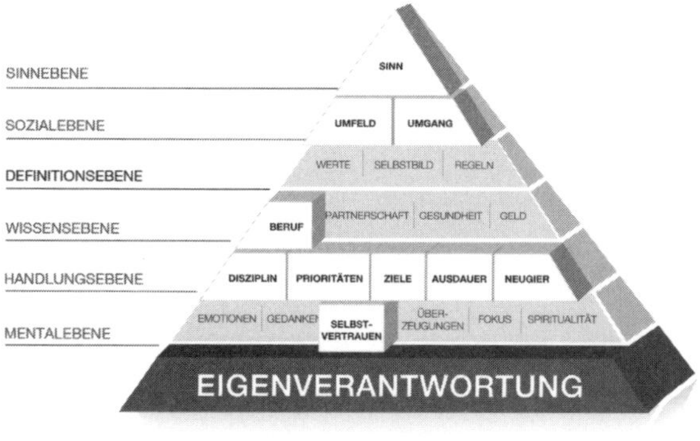

© www.christian-bischoff.com

Videos, Details und Anmeldung unter:
www.christian-bischoff.com/diekunst
Telefon: 069 9450 727 23 | E-Mail: info@christian-bischoff.com

WWW.CHRISTIAN-BISCHOFF.COM

DIE KUNST, SELBSTBESTIMMT ZU LEBEN

Dieses Event vermittelt, wie Du Deine Gedanken und Deinen Fokus so lenkst, dass Du langfristig genau die Ergebnisse erzielst, die Du haben möchtest. Dafür musst Du Deine negativen Überzeugungen beseitigen.

Talent wird in unserer Gesellschaft gerne gefeiert, aber gnadenlos überschätzt. Viel entscheidender ist, seine Vorstellungskraft zu trainieren und die eigenen Gedanken bewusst zu steuern. Denn was Du denkst, das wird Dein Leben. Goethe hat (frei interpretiert) gesagt: „Was du dir vorstellen kannst, das kannst du auch erreichen." Dein Leben ist das Resultat Deiner Gedanken. In diesem Event lernst Du, unabhängig und selbstständig zu denken. Zudem wirst Du in einem unvergesslichen Prozess für immer deine negativen Überzeugungen besiegen.

Folgende Bausteine der Pyramide LEBENSWERK sind Inhalt:

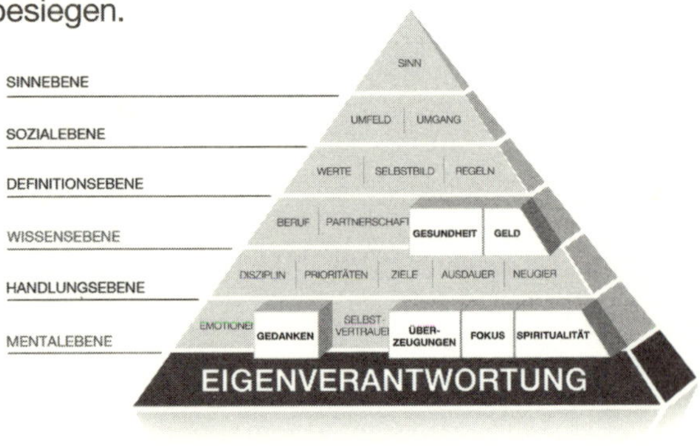

© www.christian-bischoff.com

Videos, Details und Anmeldung unter:
www.christian-bischoff.com/selbstbestimmt
Telefon: 069 9450 727 23 | E-Mail: info@christian-bischoff.com

WWW.CHRISTIAN-BISCHOFF.COM

DIE KUNST, GLÜCK UND ERFÜLLUNG ZU FINDEN

Dieses Event wird Dein Herz ansprechen und Deine Seele berühren. Verstehe die Prinzipien für eine leidenschaftliche und erfüllte Partnerschaft! Erkenne den Zusammenhang zwischen dem persönlichen, inneren Glück und einer unzertrennlichen Partnerschaft getragen von bedingungsloser Liebe.

Du lernst Deine Gefühle bewusst zu steuern, denn Deine Lebensqualität wird entscheidend beeinflusst von der Qualität der Gefühle, die Du täglich spürst und lebst. Gefühle passieren nicht. Du machst sie! Emotionen und Gefühle sind der Treibstoff des Lebens. Welche Qualität dieser „Treibstoff“ hat, bestimmst nur Du! Finde es heraus!

Folgende Bausteine der Pyramide LEBENSWERK sind Inhalt:

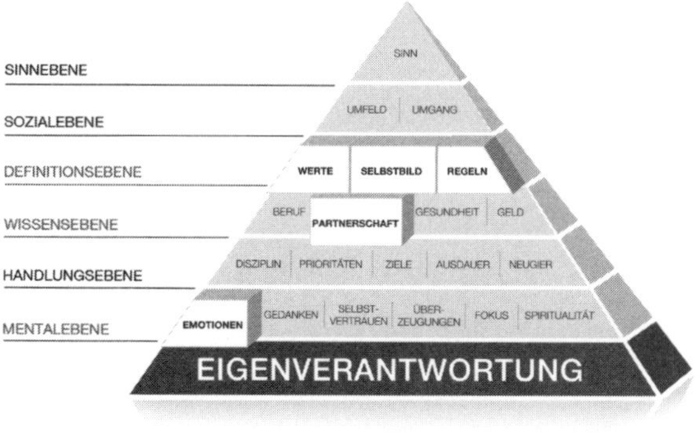

© www.christian-bischoff.com

Videos, Details und Anmeldung unter:
www.christian-bischoff.com/glueck
Telefon: 069 9450 727 23 | E-Mail: info@christian-bischoff.com

WWW.CHRISTIAN-BISCHOFF.COM

«Der krönende Abschluss unserer Vertriebstagung.»
Marco Hamester, Vertriebsleiter, Deutsche Telekom AG

«Sie sorgten bei allen Beteiligten für reichlich Gesprächsstoff, Lobeshymnen und dem Verlangen nach mehr.»
Roland Hüter, Marketingleiter, Bosch Sicherheitssysteme GmbH, Kassel

Egal ob Mitarbeiterveranstaltung, Kick-off-Event, Kundenincentive oder eine komplette Road-Show – Christian Bischoff ist in seinem Themengebiet ein nachhaltiges Highlight für Ihre Veranstaltung. Rund um den Globus, auf Deutsch oder Englisch, ganz wie Sie wünschen.

Durch leicht verständliche Sprache, inhaltsstarke Aussagen und anschauliche Beispiele – vorgetragen mit jeder Menge Witz und Humor – wird der Mann mit dem roten Stirnband noch lange in den Köpfen Ihrer Teilnehmer bleiben.

Die Themen für Ihr Firmenevent:

MACHEN SIE DEN POSITIVEN UNTERSCHIED –
Die 15 Lebens-Einstellungen für beruflichen Erfolg

WILLENSKRAFT –
Warum Talent gnadenlos überschätzt wird

MENTALE STÄRKE –
Wie Sie Ihre Ziele garantiert erreichen

Anfragen und alle Informationen unter:
www.christian-bischoff.com/vortraege

WWW.CHRISTIAN-BISCHOFF.COM

«An einem Tag mehr fürs Leben gelernt als seit 11 Jahren in der Schule.»
Patric Müller aus Frankfurt

Der Jugend-LIFE-Day

Ambitionierte und außergewöhnliche Jugendliche im Alter von 10 bis 17 Jahren erfahren in einer einzigartigen Atmosphäre, wie sie ihren persönlichen Weg im Leben finden.
Interaktive Spiele und dynamische Gruppenaktivitäten sorgen für eine Menge AHA-Effekte und ein Tageserlebnis, an das sich Dein Kind noch lange erinnern wird.

Dein Kind soll die Chance auf ein außergewöhnliches Leben haben?
Dann sollte es bei diesem einzigartigen Jugendseminar dabei sein.

Teil 1 Selbstvertrauen aufbauen
Nur wer sich selbst vertraut, kann Großes erreichen.

Teil 2 Lebensziele und Visionen
Verfolge nicht ein Ziel – lebe einen Traum.

Teil 3 Charakter entwickeln
Die entscheidende Erfolgskomponente bist Du selbst.

Teil 4 Ein Team – gemeinsam stark
Im Team potenzierst Du Deine Kräfte.

Teil 5 Der richtige Umgang mit Rückschlägen
Es gibt keine Niederlagen im Leben – nur Lernerfahrungen.

Anmeldung und Informationen unter:
www.christian-bischoff.com/jugend-life-day

DAS SCHULEVENT

«DER SCHÜLERFLÜSTERER.»
Focus Schule

MACH DEN POSITIVEN UNTERSCHIED

Jenseits straffer Stundenpläne ist „Mach den positiven Unterschied“ ein aufbauendes und stärkendes Programm für die persönliche Entwicklung junger Menschen, das neben dem Kopf auch das Herz und die Emotion anspricht. Kein Tschaka, Du schaffst es – sondern Inspiration, die bleibt. Zwischenmenschliche Motivation, die wirkt.

Das an die jeweilige Zielgruppe angepasste Vortragsformat hilft Jugendlichen schnell und wirkungsvoll, ihren eigenen Weg zu finden, an sich zu glauben und ihr Leben eigenverantwortlich zu gestalten. Christian vermittelt nachhaltig Selbstvertrauen, ein positives soziales Miteinander, die Wichtigkeit, sich Ziele zu setzen, Disziplin zu haben, die eigenen Stärken zu finden und die Kraft des Lobs und der Anerkennung zu geben und spüren.

So sieht ein Tag an Ihrer Schule aus:

Vormittags: 1-2 Schülervorträge
Abends: Eltern-/Lehrerveranstaltung

Alle Details zum Schulevent:
www.der-positive-unterschied.de